老子的教诲

/张吉良/ 著

道可道
非常道
名可名
非常名
无名
天地之始
有名
万物之母

齊魯書社

作者近照

作者及其子女

作者老照片

作者与其子合影

夜　读

易　常

鸡鸣非恶声，促俺晨兴早。点烛读聃难[①]，猎微穷众妙。
诡辞[②]误万年，爻卦为二进[③]。哲史纪阴阳[④]，千秋光远耀。

破解古经迷，群贤俱肯定。唯心非老言，辩证全名命[⑤]。
爻卦算筹符，阴阳哲史乘。案翻数千年，失处从兹正。

注

①聃难：老聃创始《老子》，“其辞难知”（太史公语）也。

②诡辞：公孙龙“诡辞数万”（扬雄《法言·吾子篇》）。

③二进：莱布尼茨提示了这一点，拙著《周易通读》中《揭开〈周易〉千古之谜》一节以确凿的史料无可辩驳地证明了这一点（参见《周易通读》，齐鲁书社 1993 年版）。

④哲史纪阴阳：《周易》倚爻卦赋予阴阳概念，纪录中华哲学和古代社会史也。

⑤辩证全名命：名家指《公孙龙子》（参见拙著《中国古典道学与名学》，齐鲁书社 2004 年版）。

张吉良事迹介绍

张吉良本名伯良，湖南湘乡人，男，汉族，1925年2月生，中共党员。清华大学肄业，江铃汽车集团公司教授级高级工程师，副总工程师，国际中国哲学会会员，国学家。世界汉诗协会会员，国际二级诗人。中华民族电视台、中国党建网授予“共和国英模”荣誉称号，并赠“民族脊梁，时代先锋，祖国骄傲，扎根基层，奉献社会，堪称楷模”的锦旗。惊喜而恐惧，盖名实难副也。

20世纪40年代初中肄业时，烈士子弟、同班同学挚友沈永涛同志其兄（共产党员）被捕，应邀一同去送衣物，告知在中国存在“共产党”，并赠方进《经济学教程》。读之，知人类社会发展有其普适的共同规律，其所以各异，在于发展阶段有后先的区别。共产党就是在其理论指导下为中国实现这一发展目标而矢志团结奋斗的。这就启示了人生的道路。

新中国成立前夕，在潭湘宁边区找到并且入了党，新中国成立初期从益阳地委党校调任地委纪检会任干事，买到整风文献，学了“从群众中来，到群众中去，集中起来，坚持下去”的马克思主义认识论而初步掌握并运用于工作，影响一生，这是一个放之四海而皆准的普遍真理。如果说技术和学术还算取得了某些成绩，那么，就思想渊源言之，都关联两点。现实技术于了解情况作出决策处理中,学术于考镜源流的艰难过程中无不体会得之,在其生命中都是非常重要而不可须臾离的。

1952 年技术干部归队,从地方调入中央二机部技术司,在苏联专家的指导下主管军工系统的线值计量工作。深入工厂,调查研究,写了《111 厂线值计量工作的调查报告》,发表于二机部《工作通讯》,为部工业计量系统树立了基层范例。技术司工作在总体上开展不出色,领导脱离机关,机关脱离工厂,要改变工作方法。1957 年开展整风运动,写了《部机关工作主要矛盾的分析》一文,被错划为“右派”,1958 年下放江西拖拉机厂改造,仅发生活费,磨炼半生,清贫充实。然而信仰坚定,认为总有一天党会拨乱反正。兢兢业业,联系群众,刻苦自励。

在江拖,就把二机部技术司的经验用于工作,建立中央计量室和车间计量站,统一线值单位,奠定了保障产品质量的技术基础。发现了凸轮轴靠模按凸轮等升程设计错误,导致沉切;采取等沉切浮升补偿重新设计,使凸轮轴达到设计标准。总结写了《481 发动机凸轮轴磨削方法的研究》一文,发表于江西省机械工程学会第一届年会。设计标准齿轮并解决重磨的计算公式。解决剃齿刀按热处理变形量段配置齿形的剃削方法,使拖拉机齿轮过了质量关。在江汽为 682 型发动机配气凸轮找到数据来源,凸轮为现代最先进的高达 52 次方的多项曲线,通过研究,用小数点后八个零的数字忽略不计的趋零法解了这个方程,重新计算,提出新工艺,使凸轮轴达到设计标准。写了《682 型发动机配气凸轮的理论及其加工方法》和《用手摇计算机计算高次方多项曲线》两文,发表于江西省机械工程学会 1980 年年会。提出非圆齿轮数学模型,解决加工工艺,使汽车锥孔零件达到图纸要求。这个装置一直用于生产,以及其他。由此，晋升为优秀高级工程师，并享受相应的技术待遇。

1979年党拨乱反正，恢复政治名誉和工资，重回党的怀抱，更好地工作。

私志矢心嗜读，科技而外，不废社会科学。20世纪中期，北大哲学系统教研室根据毛主席说过“老子的东西是唯心主义、形而上学”的没有展开论证的一句话，不作分析，从“老子唯物主义核心‘道’”一百八十度转变为“老子唯心主义核心‘道’”，导致学术界和全社会一边倒，“万喙一音，陈因生厌”。黑格尔是表述辩证法基本特征的哲学家。毛主席在提到黑格尔的书时也说是形而上学，那是撇开它的辩证法就其唯心主义体系来说的。这与对老子的便断是事同一律的。解释讲清了毛主席的便断，将对老子的研究和与北大的争论寄给邓小平同志，得到中共中央办公厅和社科院哲学研究编辑部的肯定，认为“写出了具有相当规模的哲学著作”，“不仅全面论述了老子的哲学思想体系，而且旁及于许多的先秦学派。此外还涉及你同有关方面的一系列争论”。经过协商，发表《论老子哲学思想》于《中国哲学史论文集》第一辑（山东人民出版社1979年版）。这就为澄清毛说，援西证汉找到“道”的本义解读，初启了正常的学术讨论。由此，经中国哲学史学会推荐，被吸收为“国际中国哲学会”会员。

然而老子争论还在继续，北大教研室的先师写了《老子》三译，《初译》终归比较求实，肯定老子“道”的核心是辩证法和唯物论，这是主要成就，后来老学本义得出，亦以之为桥梁，贡献巨大，功不可没，值得纪念，尽管在范畴文字上还没有搞清“道”的本义。《新译》是气候变化的适应文字，《全译》则是试图自圆其说的遁辞，是从事学术研究值得吸取的一个教训，不足为据。其继承人走得更远，认为“道”“它是物质，也是精神”。“无法证明也无法证伪却又极合情理的哲思——神学品格”。著名作家王蒙出版《老子的帮助》并且进行了讲演。在他的影响下，东施效颦，仿其体例的可取性解决仍然存在的问题，改写《老子》的译稿为《老子的教诲》，以捍卫“道”的本义。宇宙世界是什么的问题，老子按照常人认识客观事物的通则进行深远探求和科学判断。张三是人，白马是马，就是把一定的名放在另一个更广泛的名里而称道之，故曰“道可道”，“名可名”也。天下万物是生物、无生物，故曰“有名”、“有”也。生物、无生物是无更广泛的名所称道的最高物类，“物”，故曰“无名”、“无”也。故曰“道”。这就是“道”的本义。墨子“达名”、荀子“大共名”，体现了对老子“无名”为“物”体悟的传统准确性和纯洁性。长沙马王堆汉墓出土帛书《老子》附录《伊尹·九主》：“天法无[名]，复生万物、生物、不物（无生物），莫不以名，不可为二名，此天法也。”则直接论证了“无名”为“物”的“道”的本义。这是历史的证明，客观存在真实而无伪可证。不迷惑于虚名而盲从，不轻忽于无名而废言，理性读书，要真有道理，“学必先疑”，“博学之，审问之，慎思之，明辨之，笃行之”，其庶几也乎。

《公孙龙子》是名家集大成的著作，如扬雄所说“诡辞数万”，有史以来称是者极少。《公孙龙子》说：“物莫非指，而指非指。”（《指物论》）“物”是“个别”，“指”是“一般”，个别无不是一般，而被列入一般的不是一般。列宁在《谈谈辩证法问题》时说：“任何个别（不论怎样）都是一般。”“任何个别都不能完全进入一般之中。”等等。这些话是可以作为“物莫非指，而指非指”的直接译文的。《公孙龙子》实际上讲的是辩证法，而古今学者没有读通读懂罢了。于是继《论老子哲学思想》之后，发表《论战国名家哲学思想》于《中国哲学史研究》1989年第二期。《〈公孙龙子〉和中国古典名学》(《中国古典道学与名学》之后部)则力求全面论证，恢复其本貌。《老子研究》、《名家研究》由江西人民出版社1994年10月出版；《中国古典道学与名学》由齐鲁书社2004年1月出版。

《周易》由八卦六十四卦和卦爻辞组成。遵循莱布尼兹的揭示逆溯卦爻参两而获知原委。于是《周易通读》、《周易哲学和古代社会思想》、《周易通演》分别于1993、1998、1999年由齐鲁书社出版发行。

探索老子的时代背景，发现管仲"相地衰征"，以私田奴隶制取代公田奴隶制；晋国"作爰田"，"当日"在晋国"国制改易之始"，如齐国一样，也是转变为私田奴隶制；鲁宣公十五年(公元前594年)"初税亩"，按田亩多少征税，废除井田制，承认土地私有权而一律取税，未及奴隶解放，则同齐晋一样，也是实行了私田奴隶制；子产"相郑国，作封洫"和楚国的"书土田"，都是如此。则从齐国开始，春秋一代的历史内容就是变公田奴隶制为私田奴隶制。于是提出"春秋是私田奴隶制时代"的一个历史的新概念。乃有《新东周列国志——话说中国古代社会断代史》的改编，荣获全国作品评比一等奖，并入编《中国作家世纪论坛获奖作家文库·2005卷(下)》，《文库》2006年3月由中国文联出版社出版发行。已自助出单行本，未发行。

那么，《老子》是建立于名学基础上的古代辩证唯物论。《公孙龙子》主要讲辩证法，是继承《老子》名学的古代辩证唯物论认识论。通过对《周易》八卦六十四卦的研究，找到原始契数发展为算筹十进制，并进一步发明算筹二进制的确凿证据。

筹符相袭组合,证明了这一点,这就从湮没但仍保留某些遗迹的史料中发掘出中国数学的起源和算筹二进制的发明史。玗臂子弓依据这个数表,“参天两地”,乃撰成一部中华哲学和人类古代社会史的实录。其古代社会思想是同摩尔根《古代社会》、恩格斯《家庭、私有制和国家的起源》在基本点上完全一致的。其所以成为筮书,那是《系辞 · 筮论》作者援《易》揲筮成功而流毒至今的结果,非《周易》的本意。《中国古代算筹二进制数表和周易》,由中央电视台于 1993 年 6 月 28 日在人物专题片中作为济南首届国际《周易》学术讨论会成果披露。为了总结思路,写了《援用西方文化的先进思想解读中国古经的疑难——先秦学术研究回顾》一文,“世界管理科学院学术委员会总干事黄河先生特别推荐,经世界华人交流协会、世界管理科学院学术委员会组成评委会严格审核”,获得“独立成文,具有很高的学术理论价值、最新的学术观点和最先进的学术思想,解决了世界性相关学术难题,填补了本学术领域的相关空白,并有独到见地”的“评议”。据上所述:

一、为往圣继绝学,恢弘道、名、易学本义,其庶几也乎。在道学方面与北大哲学系教研室商榷,学术争鸣的精神得到社科院哲学研究编辑部的肯定。

二、发现提出春秋是一代私田奴隶制社会,中国古代历史分期也许臻于完备,愿历史学家深思。

以上种种,盖“滕王阁畔将终老,血荐轩辕志不渝”之大归焉。

＊注:本篇应中央党校中国领导科学研究会约稿供稿。被收入中国领导管理艺术文库《党建楷模》。《入编通知》认为:

"文献中您精彩的人生轨迹嘉言懿行是您奋斗历程的最好历史见证。……作为各行各业学习的典范文献资料并广泛推广,同时也填补了这项典籍空白,具有十分重要的现实意义和历史意义。因此,在文库中占一席之地的您收藏这部文库,不仅是把这部书留给了自己,更是把您披荆斩棘的创业人生和独具魅力的管理智慧留给了后人,他们将无时不分享您坚韧、刻苦、好学、勤勉的品质换得的荣耀,数十载磨砺的完美人生,开创大业铸造辉煌。"

序

张吉良同志是我清华的早期同学，他在技术和社会科学方面都取得比较突出的成就和贡献，为江铃人和国内技术界和国学界所熟悉和了解，我更关注他在技术方面特别在江铃的贡献。

在江铃，他解决了发动机凸轮的计算问题。682 型发动机凸轮为现代最先进的高次方多项曲线，高达 52 次方。当时国内认为没有大型计算机是无法计算的。而图纸上一度一个数据，比较粗糙。南汽是自制专机反复刮制来满足要求的。他用小数点后八个零的数字忽略不计的趋零法解了这个方程，重新计算，补充到一度四个数据，提出新工艺，使凸轮达到设计标准。写了《682 型发动机配气凸轮的理论及其加工方法》和《用手摇计算机计算高次方多项曲线》两文，发表于江西省机械工程学会 1980 年年会。锥孔零件加工技术是汽车柴油机行业普遍存在的问题，部里每年责成由取得一定成绩的厂家召开会议介绍经验并研讨根本解决方案。我厂是由机修车间高级技师王福吉同志参加。当年他带回一本由非圆齿轮制造锥形刀具加工解决这一问题的书，国内还没有哪个厂家实践过。他将这本书交给张吉良同志研读，看是否可能突破。经研究，张吉良同志提出非圆齿轮数学模型委托洪都机械厂制造了非圆齿轮，汽车锥孔零件加工技术乃得到根本解决。这个装置一直用于生产。其他较小项目，就不一一列举了。

对社会科学我也饶有兴趣，有空即涉猎之，充实知识，指导观察大局，改进企业管理，以创新发展焉。张吉良同志为弘扬民族文化以正时弊，又由齐鲁书社出版《老子的教诲》和《周易实证》两书，要求写个弁言。我看了两书的目录、缘起和结论部分，盖洋洋大观焉。这是对《老子》和《周易》研究的一个根本概括和总结，从这里可了解两书的全部精蕴，发前人之未发，有独到见地，最新的学术理论观点和最先进的学术思想，如"老子……把一定的名放在另一个更广泛的名里而称道之。天下万物是有其更广泛的名所称道的物类，那就是生物、无生物，故曰'有名'、'有'。有更广泛的名所称道的物类，生物、无生物是无更广泛的名所称道的最高物类，那就是'物'，故曰'无名'、'无'"（见《老子的教诲》），包括八卦六十四卦算筹二进制发明史（见《周易实证》），解决了世界性相关学术难题，填补了本学术领域的相关空白。实大有益焉。

于是又粗略地考察我的老同学进入国学领域的过程。他由江拖调入江铃时，生产还不正常，每周有两个半天的政治学习。学习杨荣国和任继愈的有关中国哲学史著作，这引起他的极大兴趣，乃进一步对照先秦原著研读而进入《老子》哲学领域。20 世纪中期北大哲学系教研室根据毛主席说过"老子的东西是唯心主义、形而上学"的没有展开论证的一句话，不作分析，从"老子唯物主义核心'道'"一百八十度转变为"老子唯心主义核心'道'"，导致学术界和全社会一边倒。黑格尔是表述辩证法基本特征的哲学家，毛主席在提到黑格尔的书时也说是形而上学，那是撇开它的辩证法就其唯心主义体系来说的。这与对老子的便断是事同一律的。解释讲清了毛主席的便断，将对老子的研究和与北大的争论寄给邓小平同志，得到中共中央办公厅和社科院哲学研究编辑部的肯定，认为“写出了具有相当规模的哲学著作”，“不仅全面论述了老子的哲学思想体系，而且旁及于许多的先秦学派。此外还涉及你同有关方面的一系列争论”。经过协商，发表《论老子哲学思想》于《中国哲学史论文集》第一辑（山东人民出版社1979年版）。这就为澄清毛说，援西证汉找到“道”的本义解读，初启了正常的学术讨论。由此，经中国哲学史研究会推荐，被吸收为“国际中国哲学学会”会员。

根据上述，在张吉良同志看来，北大教研室的先师写了《老子》三译，《初译》终归比较求实，肯定老子“道”的核心是辩证法和唯物论，这是主要成就，后来老子本义得出，亦以之为桥梁，贡献巨大，功不可没，值得纪念，尽管在范畴文字上还没有搞清“道”的本义。《新译》是气候变化的适应文字，《全译》则是试图自圆其说的遁辞，这是从事学术研究值得吸取的一个教训，不足为据。

继之，我的老同学张吉良同志又研究了《公孙龙子》。《公孙龙子》是名家集大成的著作，如扬雄所说“诡辞数万”，有史以来，称是者极少。《公孙龙子》说：“物莫非指，而指非指。”（《指物论》）“物”是“个别”，“指”是“一般”，个别不是一般，而被列入一般的不是一般。正如列宁《谈谈辩证法问题》中所说：“任何个别（不论怎样）都是一般。”“任何个别都不能完全进入一般之中。”等等。这些话是可以作为“物莫非指，而指非指”的直接译文的。《公孙龙子》实际上讲的是辩证法，而古今学者没有读通读懂罢了。于是他又写了《论战国名家哲学思想》发表于《中国哲学史研究》1989年第二期。

《周易》由八卦六十四卦和卦爻辞组成。法国传教士鲍威特(FrJoachim Bouvet 1656～1730)在中国所见已是赋予阴阳概念的数表,他的灵感、智慧和伟大在于通过阴阳而着眼于卦爻的研究,乃通过莱布尼兹(Gottfried Wlhelmleibniz 1646～1716)得以揭示其本质。中国人的灵感、智慧和伟大在于依傍卦爻以奇数代表天、偶数代表地而赋予太极阴阳天地的最高范畴建立其古代辩证唯物论的哲学体系,讲述“有天地然后有万物,有万物然后有男女”的物质自然世界观,“有男女然后有夫妇,有夫妇然后有父子,有父子然后有君臣,有君臣然后有上下,有上下然后礼义有所错”的人类社会世界观。从而比亨利·摩尔根《古代社会》、恩格斯《家庭、私有制和国家的起源》早两千余年而记述了同样的发展过程。

我的老同学张吉良同志的灵感、智慧和伟大在于在莱布尼兹的基础上从湮没的历史中寻坠绪之茫茫,继往圣之绝学,把八卦二元数学旁搜远绍发掘过来。于是他又写了《中国古代算筹二进制数表和〈周易〉》,发表于《周易研究》1988 年第二期。1993 年 6 月 28 日作为首届国际《周易》学术研讨会成果又由中央电视台播出。

以他的成就和贡献,中华民族电视台、中国党建网授予“共和国英模”,并赠“民族脊梁,时代先锋,祖国骄傲,扎根基层,奉献社会,堪称楷模”的锦旗。一经品题,便做佳士,良有以也,乐为序焉。

江铃董事长　学弟王锡高

目 录

上 篇

下 篇

附　录

从老聃《老子》到环渊《上下篇》

一、郭店楚墓简本《老子》为老聃书，《老子》增订传本《上下篇》为环渊书

把郭店简本《老子》同帛书本《德经》、《道经》，王弼本、河上公本、傅奕本《道德经》对照，简本分为甲、乙、丙三篇，帛书本和通行本分为上、下两篇。帛书本和通行本收录融合了简本全文，章次作了调整，文字略有改动。简本文字只相当于帛书本或通行本的五分之二，增益章段文字概括阐释颇精。可见简本是《老子》的一种原始传本，帛书本、通行本是在简本的基础上融合全部简本的不同增订传本。

《老子》原始传本为老聃书，那是就其内容把它专属于老聃。从出土的其他部分来看，“墓主是‘东宫之师’，并可能是顷襄王的老师，随葬竹书可能是他教太子即后来的顷襄王的教学用书”（李全华《老子哲学考察》）。“郭店 1 号墓中出土大量竹简均为先秦典籍，反映了此墓的主人博通道术，是一个学者。同时出土漆耳杯一件，器底刻有‘东宫之币（师）’四字，表明墓主所用之器来自于东宫。东宫是太子所居之地。因此有人推测 1 号楚墓的主人乃是‘东宫之师’，即楚太子师。东宫之师，即太子傅。考《战国策·楚策》记：楚顷襄王为太子时，质于齐

(前297年)。太子曰:‘臣有保傅。’当时为楚襄王作太子之傅者,乃慎子,即著名道家学者慎到。”(何新《古本老子〈道德经〉新解》)慎到“学黄老道德之术,因发明序其指意”“著十二论”,与稷下学者环渊、田骈、接子齐名。后仕于楚,为顷襄王为太子时之“傅”,称“傅慎子”,已是道学在齐盛行之后。由于用于教太子的书讲的是老聃思想,所以称为老聃书。

司马迁有失考察,用传闻作了老子本传,但仍记录了老子的相关材料。

《老子》不同增订传本,帛书本《德经》、《道经》,通行本《道德经》,亦统以《老子》传称,增订传本亦托老子以为名也。《老子》原始传本失传,后人乃误增订传本为老聃书矣。《老子》增订传本出于作者离周出关之时,故有“老子百有六十余岁,或言二百余岁,以其修道而养寿也”(《史记·老子列传》)。

《老子》增订传本出于何人?也可从作者“离周出关”这一基本线索得到考证。

“老子修道德,其学以自隐无名为务。居周久之,见周之衰,乃遂去。至关,关令尹喜曰:‘子将隐矣,强为我著书。’于是老子乃著书上下篇,言道德之意五千余言而去。莫知其所终。”(《史记·老子列传》)

司马迁这个记载,可析为如下几点:

(1)老子是一个学者,其学说的主旨在于“修道德”,“自隐无名”。查简本《老子》,言“道”20处,言“德”11处,言“道常无名”、“道隐无名”各一处,可谓完全吻合。至于《老子》增订本,那是司马迁据以为说的。

(2)周衰久矣,老聃之时,“景王爱子朝,欲立之,会崩,子丐之党与争立,国人立长子猛为王,子朝攻杀猛。猛为悼王。晋人攻子朝而立丐，是为敬王”（《史记·周本纪》）。“王子朝及召氏之族、毛伯得、尹氏固、南宫嚚奉周之典籍以奔楚。”（《左传》昭公二十六年）老聃为周“征藏史”，他所管典籍也会被王子朝带走，因此他可能于此时“免而归居”（《庄子·天道》）。故后人“莫知其所终”。司马迁判断，“老子，隐君子也”。

太史儋之时，“陪臣执政，大夫世禄，六卿擅晋权，征伐会盟，威重于诸侯。及田常杀简公而相齐国，诸侯晏然弗讨，海内争于战功矣。三国终之卒分晋，田和亦灭齐而有之，六国之盛自此始。务在强兵并敌，谋诈用而从横短长之说起。矫称蜂出，誓盟不信，虽置质剖符，犹不能约束也。秦始小国僻远，诸夏宾之，比于戎翟，至献公之后，常雄诸侯”（《史记·六国年表》）。周王朝较之老聃时期，就更衰微了，故太史儋离周去秦。

（3）“至关”，当为函谷关，入秦必经之地也。据汪中《老子考异》考证，其设置“实在献公之世矣”。老子时尚无此关。

（4）关令尹强老子著书，那是按传说言之，非史实。书则指《老子》增订传本《道德经》，而当时普遍误为老聃自著。这些文字是围绕着《老子》增订传本疑出于老聃说的，去掉老聃的不实部分，就只有太史儋和关尹（即环渊）了，太史儋思想与老子不合。然则，《老子》增订传本就应为关尹书了。

《庄子·天下》说：“以本为精，以物为粗，以有积为不足，澹然独与神明居，古之道术有在于是者，关尹、老聃闻其风而悦之。建之以常无有，主之以太一，以濡弱谦下为表，以空虚不毁万物为实。”关尹、老聃相提并论，这表明关尹独得老子之真之纯，是老子的正统。“建之以常无有，主之以太一”，是关尹对老子“道”—“太一”所作出的发明。“故常无，欲以观其妙，常有，欲以观其徼。”简本《老子》没有这一章，只提出“无名”、“有名”、“名”的概念(简本《老子》甲四、五章)。可知前者也是对后者的发明。那么《天下篇》作者是知道《道德经》即环渊所著的《上下篇》的。《艺文类聚》卷六引后汉李尤《函谷关铭》与老子本传异,曰:“函谷险要,襟带喉咽,尹从李老,留作二篇。”不是关尹要老聃“强为”他“著书”而是关尹师从李老,留下作品二篇。这当是环渊增订《道德经》的弥足珍贵的历史佐证。

我把《老子》增订传本,无论帛书本、王弼本、河上公本、傅奕本概称为《道德经》。因为环渊所著《上下篇》就是《道德经》。至于先“德”后“道”与先“道”后“德”编排,那是古代按照“下上观”与“上下观”排列合书于不同年代的演变形式。西汉前人称“下上”,不称“上下”。甲骨文“上下”二字连刻作“下上”;《周易》别卦,如乾卦,乾下乾上,先下卦后上卦;卦由六爻组成,也是由下往上起读,经卦三爻亦如此。虽然,这是古代算筹二进位制进位和读数相反的统一,所谓“数往者顺,知来者逆”(《说卦》)也。然而,这也许正是西汉前人所持“下上观”的根据。因为一切成数的读法都必从下往上起读,则凡既成事物亦以下上观之,就是很自然的了。则《德经》列前仍是下篇,《道经》列后仍是上篇,是古人按下上观排列合书把《德经》放在前面的。西汉以后采取上下观,把“道经”放在前面,就约定成俗了。

“老子之子名宗,宗为魏将,封于段干。宗子注,注子宫,宫玄孙假,假仕于汉孝文帝。而假之子解为胶西王印太傅,因家于齐焉。”(《史记·老子列传》)“胶西王印以孝文前元十一年(164BC)立,孝景前元三年(154BC)与吴王濞等起兵反汉,兵败自杀。同年,景帝封子端为胶西王。……《史记》韩长孺列传言韩‘坐法失官,家居’。韩以五百金物遗田蚡,蚡言之王太后,武帝亦闻其贤，即召以为此地都尉，迁为大司农。解为胶西王卬太傅，卬谋反自杀，解即不与谋，亦当坐法。景帝诏赦'吏等当坐濞等及逋逃亡军者'，解由是得免罪，罢官为民居家。胶西属齐……是黄老之术盛行的地方，乐巨公、盖公皆以'善修黄老之言'，显闻齐高密、胶西。窦太后（景帝母）好黄老之术，终景帝之世，帝及太子诸窦，皆'不得不读黄帝老子，尊其术'。高帝过赵，问：'乐毅有后乎？'或对曰：'有乐叔。'高帝封之乐卿，号曰'华成君'。乐巨公亦乐氏之族。曾为胶西王卬太傅之李解知此故事。解欲东山再起，因伪造老子世系，谎言自己为老子后人，揣摸窦太后对老子后人，必如高帝对乐毅后人一般，可得封赏。李解走窦太后这个门路，谋复官职，自是捷径，上上之策。老子家谱，便是如此伪造出来的。好事者，如褚先生之流，据此补入老子本传，非太史公原文所有。老子姓李氏名耳起于李解之伪造。"（李全华《老子哲学考察》）这段历史公案就获得解疑而澄清了。

二、老子是中国名学奠基人，环渊（即关尹）作了根本概括

春秋产生了名学，老子是奠基人，乃孔子有正名说，引入伦理范畴。曰："君君，臣臣，父父，子子。"（《论语·颜渊》）曰："名不正，则言不顺；言不顺，则事不成；事不成，则礼乐不兴；礼乐不兴，则刑罚不中；刑罚不中，则民无所错手足。"（《论语·子路》）

正名说是名学的别流和反动，《墨辩》、《公孙龙子》是名学的正宗和发展。继之，墨家有《墨辩》，名家有"坚白同异之辩"，而名家《公孙龙子》出焉。

老聃说："道常无名。……始制有名，名亦既有，夫亦将知

止。知止可以不殆（“殆”通迨，音同，及也）。譬道之在天下，犹川谷之与江海。”提出“道”、“无名”、“有名”、“名”的概念。就是说“道”常表现为“无名”归属的最高的物类。认识始于制名分类，有了种种类名，认识也将止于物类。认识止于物类，所以未及于“道”，譬“道”之在天下，有如小河流之与江海。

名是概念，是反映事物本质的。人们认识了客观事物，认识了客观事物的本质，就要反映为名，就要下定义。例如，当我下定义说，“白马是马”时，就是把“白马”归属于更广泛的名。根据常识可知，“白马是马”，“马是动物”，“动物是生物”，“生物是物”，“无生物是物”，无不有其更广泛的名，也就是有其归属的更广泛的物类，所以叫做“有名”，叫做“有”。唯物是广泛已极的名，无再大的名可以归属了，是无名归属的物类，即最高的物类，所以叫做“无名”，叫做“无”。

“达名”，指反映普遍性最高的类概念。“名，物，达也，有实必待之名也。”这是《墨子·经说上》对老子“无”的认同和体悟而取与老子相区别的独创的墨家概念。

“大共名”，指反映普遍性最高的类概念。“万物虽众，有时而欲遍举之，故谓之物。物也者，大共名也，推而共之，共则有共，至于无共然后止。”（《荀子·正名》）这是荀子对老子“无”的认同和体悟而取与老子相区别的独创的荀学概念。

长沙马王堆汉墓出土的帛书《老子》甲本附录《伊尹·九主》说：“天企（法）无名，复生万物，生物，不物，莫不以名，不可为二名，此天企（法）也。”（《文物》1974 年第 11 期）“天企（法）”就是“道”。这是说“道”反复产生万物，生物和无生物（不物）。万物，生物、无生物也；生物、无生物，物也，无不可给以更广泛的名。唯物，“不可为二名”，“无名”，是最高的物类，即物质。这是对老子的“无名”、“有名”、“名”的确切解释和从天下之物,万物,生物和无生物(不物)按名学推导得出“道”的认识的。可惜这个解释未引起当时学者的注意而失传。黑格尔说:“如果抽去某物的一切规定、一切形式,那末,剩下的就是无规定的质料。”(引自列宁《哲学笔记》)老子叫做“道”,这是老子的本体论。

公孙龙深谙老聃名学原理而有所发展。老聃是从天下之物推演归纳到“道”,即从个别到一般的。公孙龙说:“白马非马。”就是说白马不是一般的马。这是它的哲学的表述。用常识言之,则应该说,马是白马,这是从一般到个别的推论。“有白马不可谓无马者,离白之谓也,不离者,有白马不可谓有马也。故所以为有马者,独以马为有马耳,非以白马为有马。故其为有马也,不可以谓马马也。”(《白马论》)这一段文字,古今学者,多未读通。“故所以为有马者”是承上“有白马不可谓无马者,离白之谓也”来说的,“所以”之所出也。换言之,应为“故离白之为有马者”,是就抽象来说的。“故其为有马也”,是承上“不离者,有白马不可谓有马也”来说的,“其”字之指代也。换言之,应为“故不离者之为有马也”,是就具体来说的。这就是说有白马不可说无马,是抽掉白色这一现象来说的。不作抽象,有白马就不可说有马了。故抽象地说为有马,仅以一般的马为有马,不是以特殊的白马为有马的。故具体地说为有马,就不可说马啊马啊,而一定要说清楚是什么马。公孙龙在这里阐述了由个别到一般和由一般到个别这样两条不同的认识路程。

公孙龙在《坚白论》中也谈到名学定义中“二名”的问题。他说:“无坚得白,其举也二。无白得坚,其举也二。”就是说看不见坚硬而得到白色,[是白石之石,]其称谓是二。摸不着白色而得到坚硬,[是坚石之石,]其称谓是二。把一定的名放在更广泛的名里,"二"者何呢?名学定义中之二名也,由个别到一般,犹白马,马也;白石,石也;坚石,石也,是也;由一般到个别,犹马,白马也;石,白石也;石,坚石也,是也,岂有他哉!

关尹即环渊对老聃名学作了根本概括。他说:"道可道,非常道;名可名,非常名。无名,万物之始;有名,万物之母。"(《道德经》一章)就是说"道"可用定义称道的,不是"常道";名可放在更广泛的名里的,不是"常名"。无名归属的最高的物类,是万物的本始;有名归属的更广泛的物类,是万物的母亲。

"可道"之"道",不是"常道";"可名"之"名",不是"常名"。难道不是"名亦既有,夫亦将知止"的另一种表述吗?"无名,是万物的本始",小河流朝宗于江海,就及于"道"了,这就是"从有返无";"有名,是万物的母亲",那就是由"道"及物,"自无生有"了。"从有返无",即从个别到一般;"自无生有",即由一般到个别,这是认识论的两条根本的道路。一定的名可放在更广泛的名里(名可名),老聃的"有名"、"名",可知已蕴含这个深义。在这里,关尹即环渊就明确地提出了与后世逻辑定义相一致的典型公式了。能不能说关尹(环渊)对老聃名学作了精当阐释、科学阐释呢?

三、老子建立于名学基础上的宇宙生成论,环渊作了精当阐释和发展

老子在论证其名学时,已言及世界的本始、本原、本体,并表字曰"道"。那是从"天下之物"推演归纳取得的。从此,老子提出世界的基本规律,并建立其宇宙生成论。

老子说：

“反者，道之动；弱者，道之用。天地万物生于有，有生于无。”“有”就是前面阐明了的“‘有名’归属的更广泛的物类”；“无”就是“‘无名’归属的最高的物类”。

这就是说向相反的方面转化是“道”的运动，弱的方面是“道”所以转化的作用。天地之物生于“有名”归属的更广泛的物类；“有名”归属的更广泛的物类，生于“无名”归属的最高的物类。这就是世界的基本规律和宇宙生成论的确切表述。

老子说：

“天下皆知美之为美，斯恶已；皆知善之为善，斯不善已。有无相生，难易相成，长短相形，高下相倾，音声相和，前后相随。是以圣人处无为之事，行不言之教，万物作焉而不为始。生而不有，为而不恃，功成而弗居。夫唯不居，是以不去。”

就是说天下都知道美是美的，就有了丑；都知道善，就有了恶。有无是互相对立而生的，难易是互相对立而形成的，长短是互相对立而体现的，高下是互相对立而共存的，音声是互相对立而出和谐的，前后是互相对立而有顺序的。因此圣人处事适应矛盾，不以空言说教，万事可作而不妄意忖度也。有作为而不自恃也，功成而不自居。正因为不自居也，因此，他的功绩不会失去也。

这是说世间一切事物无不互相矛盾，相反相成，各以自己的对立面作为存在的前提。“物无非彼，物无非是。”“彼出于是，是亦因彼，彼是方生之说也。”（《庄子·齐物论》）这是“反”的第一层义蕴。

那么，矛盾双方为什么会互相转化呢？这是由于“弱”的方面起了作用的缘故。故曰：“弱者，道之用”也。

“赫拉克利特是辩证法的奠基人之一”，“在赫拉克利特看来，世界的基本规律……是‘向对立面转化的规律’”（列宁《哲学笔记》）。老子更指出是弱的方面对转化起了作用。

在老子看来，世界的发展是按照这个规律进行的。“无名”归属的最高的物类，由于自身存在的矛盾斗争和转化，乃产生“有名”归属的更广泛的物类，自然首先是无生物，进而剖判为天地以及其他等等，不断发展转化，乃产生万物和人类。这是迄今为止我们所生存的这个物质自然世界，它的发展的大致而远不完备的进程，应该说，这就是老子的宇宙生成论。老子的这个论断是有其科学价值的，它同近现代的自然科学史、生物史、地球史和天体史，从总体上来看，是符合的。

关尹即环渊对老子的世界的基本规律作了精当阐释。他说：“道生一，一生二，二生三，三生万物。万物负阴而抱阳，冲气以为和。”（《道德经》四十二章）

就是说“道”使世界得到统一。统一物分裂为对立的两方面，对立的两方面产生新的第三者，新的第三者又分裂转化，如此不息，乃产生万物。万物都包含着阴阳的矛盾，在其质的相对稳定状态时表现为冲和。

老子是以“天下万物生于有，有生于无”的公式概括了世界发展的一般进程。关尹（环渊）是以“反者，道之动；弱者，道之用”为核心和出发点对这个进程作出阐释的。

向相反的方面转化是物质运动的规律，弱的方面是物质运动所以转化的作用。那么，混然一体的“道”，所谓“一”，由于自身存在着矛盾，分裂为对立的两方面，所谓“二”，乃引起斗争和变化；在一定条件下，产生质变，转化为新事物，所谓“三”。新事物又是一个矛盾统一体，又分裂，又转化，如此不息，乃产生万物。“道生一”，那是说，天下之物，众殊毕异，皆源于“道”，乃产生统一。这个“一”状“道”而非指“道”，是一个状词。换句话说，就是“无名”归属的最高的物类，使天下之物得到统一。统一的“道”，分裂转化，产生“有名”归属的更广泛的物类，自然首先是无生物；“有名”归属的更广泛的物类，不断分裂转化，乃产生天地万物。如此看来，“天下万物生于有，有生于无”所表述的是宇宙生成的一个大序列；而“道生一，一生二，二生三，三生万物”所表述的就是宇宙生成这个大序列自己内部的内容和这个内容自己所具有的辩证法。可见，关尹即环渊这个阐释是多么正确，多么深刻，应该说是对老子世界观的发展。

“亚里士多德说（De mundo[88]第 5 章），赫拉克利特一般地‘联结了全体与非全体（部分）’……‘相合的与不相合的、和谐的与不和谐的；从万物（对立的）生出一，从一生出万物’。”（列宁《哲学笔记》）他们的观点是多么相似和一致啊！这就是古代对于世界和事物发展的辩证的看法。

环渊说：“天下有始，以为天下母。既得其母，以知其子；既知其子，复守其母，没身不殆。”（《道德经》五十二章）可以看出是老子“有物混成，先天地生。寂兮廖兮，独立不改，周行而不殆，可以为天下母”（《道德经》二十五章）的阐释和发展。世界是有其本始的，这种本始是产生世界的母亲。既已认识了这种共同的本质，就要以之作为指导来研究各种具体的事物，还要进一步概括加深认识诸种事物的共同的本质。这样，就一生立于不败之地。近现代的科学研究，通过实践试验，无不是“既得其母，以知其子”，以求得对于某种具体事物性质的认识，然后转化为生产力，以为人服务。在认识了诸种事物的性质后，再总结概括以加深对于一般理论的认识，也就是“既知其子，复守其母”了。这一理论是何等正确和深刻呢！

四、老子“知和曰常，知常曰明”的厚德论，环渊作了精当阐释和全面发挥

“德”是殷人的创造。《商书》上载了不少“德”字，表示要“敬德”，而对天表示怀疑。《周书》亦然。郭沫若说：“那些文字都是仰仗殷人的手笔，就和满人入关前后所有的文诰是仰仗汉人的手笔一样。”（郭沫若《青铜时代·先秦天道观之进展》）卜辞中有“德”字，也有“得”字。《释名·释言语》说：“德，得也，得事宜也。”对“德”作了精确界定。就是说“德”是得到，得到一种处事之宜的认识。得到一种处事之宜的认识，显然，就是今语“经验”。因而是一个认识论的范畴。

老子继承了殷人的古义，从哲学高度作了丰富和发展，它不是讲的人伦品德，而是讲的办事经验。

在老子看来，“含德之厚……和之至也。知和曰常，知常曰明”（《老子》五十五章）。就是说具有厚德的人，和谐极了，和谐是一种常态，知道“和”叫做“明”。“常”是认识的准则，也就是“道”。王弼注：“德者，得也……何以得德？由乎道也。”把“德”置于“道”的基础之上，就讲清了“德”的本质和意义。

老子又说：“治人事天，莫若啬。夫唯啬，是谓早服。早服谓之重积德。”（《老子》五十九章）

韩非《解老》说：“啬之谓术也，生于道理。夫能啬也，是从于道而服于理也。”“啬之谓术”，还在于找出其道理而服从之。道理存在于事物现象的深处，只有“将丰富的感觉材料加以去粗取精、去伪存真、由此及彼、由表及里的改造制作工夫，造成概念和理论的系统，就必须从感性认识跃进到理性认识”（毛泽东《实践论》），更深刻、更正确、更完全地反映客观事物，没有一点主观成分。这就有着判断和推理的过程，这就是分析。

事物的现象，锐露于外，淆然纷乱，表现丰富；事物的本质，深藏于里，恍惚而隐，表现朴素，唯有周密的分析，乃能出之。此“啬”之所谓术也。

所以治理人事，从事自然工作，没有比取分析态度更好的了。取分析态度，就在于事先找出其道理而服从之。事先找出其道理而服从之，这就是所谓不断地积累经验。

老子说：“上德若谷”，“广德若不足”，“建德若偷”。（《老子》四十一章）

就是说最有经验的人必须虚怀若谷，有广泛经验的人好似不足，有健全经验的人好似浇薄。

“修之于身，其德乃真；修之于家，其德乃余；修之于乡，其德乃长；修之于国，其德乃丰；修之于天下，其德乃普。故以身观身，以家观家，以乡观乡，以国观国，以天下观天下。吾何以知天下然哉？以此。”（《老子》五十四章）

个人的事情做到这一点，他的经验就真实；一家的事情做到这一点，他的经验就有余；一乡的事情做到这一点，他的经验就更长；一国的事情做到这一点，他的经验就丰富；天下的事情做到这一点，他的经验就广博。按照个人的情况观察个人，按照一家的情况观察一家，按照一乡的情况观察一乡，按照一国的情况观察一国，按照天下的情况观察天下。我怎能知道天下的情况呢？就是依据这个方法。一切以客观情况为据观察客观情况。应该说，这就是唯物论的认识论，朴素、简明而深刻。

这就是老子的德论，他又把“德”称为“厚德”、“上德”、“广德”、“建德”。老子没有明确地提出下德的概念。

关尹即环渊对此作了精当阐释和全面发展。他说：

“上德不德，是以有德；下德不失德，是以无德。上德无为而无不为；下德为之而有不为”也。（《道德经》三十八章）

就是说具有普遍性经验的人，不局限于自己的经验，因此算得上有经验。有特殊性经验的人，不离开自己的经验，因此算不上有经验。有普遍性经验的人，适合矛盾而不带上主观随意性，就没有办不成的事。有特殊性经验的人，按照自己的经验办事，就有办不好的事。

认识来源于经验，理论的东西，不过是高级的经验的东西，是经验的更高的概括和总结，是不能脱离经验的。老子和关尹即环渊把理论包括在经验范畴之内，称之为“上德”，这说明是反对唯理论的。

然而他们懂得经验的局限性，有普遍性经验的人，不局限于自己的经验，适合矛盾而不带上主观随意性，就没有办不成的事。有特殊性经验的人，按照自己的经验办事，就有办不好的事。这说明又是反对经验论的。

尊重理论的作用而反对唯理论，重视经验的贵重而反对经验论，这就是经验和理论之间的辩证法。

环渊说：“道生之，德畜之，物形之，而器成之，是以万物尊道而贵德。道之尊，德之贵，夫莫之命而常自然。故道生之，德畜之，长之育之，亭之毒之，养之覆之。”

按照“道”使之生长，按照经验使之养育，使事物完善，使器具制成。因此，无论做什么事都要遵循“道”而重视积累经验。“道”的遵循，经验的贵重，那就不是主观意志的决定而常表现为一种自然状态。那是一点也不能脱离事物的客观实际的。

这就是关尹(环渊)的精辟发挥了。

因此,就总体来看,《老子》增订本《道德经》是成功的,是老子学说的精当阐释、发展和发挥。以老子而垂名后世,为中国优秀传统文化奠定坚实基础,良有以哉!

环渊和老子同不朽矣!

五、老子、环渊为法家先驱,他们的反儒思想开拓了新的一代思潮

"太上下知有之"(简本《老子》丙)一段,其中"信不足,安有不信"。如"安"字作为疑问代词,在语法上则为正反结构。就是说前为肯定句,当接否定句;前为否定句,当接肯定句。"信不足"为否定句,下句以接肯定句为是。然而续以"安有不信",仍为否定句,语义上就不通了。查《老子》增订本十七章作"信不足焉,有不信焉",存在着结尾的词"焉"字。简本如"莫之命(令)而自均安",以"安"字作结尾词。释文注:"从字形看应是'安'字,借作'焉'。""国中有四大安,王居一安。"释文无注。那是以其在上文之后,取同一义也。然则,"信不足,安有不信","安"字应从上读,显然是释文断句之误。应是"信不足安(焉),有不信",就文从字顺了。同增订传本一致,仅少一"焉(安)"字而已。下文"大道废,安有仁义","安"字均应从上读,作"大道废安(焉),有仁义。六亲不和安(焉),有孝慈。邦家昏乱安(焉),有正臣"。句式一律,这是很清楚的。

然,傅奕本作"故信不足,焉有不信",也如简本释文一样断句。王念孙说:"信不足为句,焉有不信为句。焉,于是也。言信不足,于是有不信也。"帛书甲本作"信不足,案有不信"。乙本作"信不足,安有不信"。"案","安"之讹字,显然均借作

“焉”字。而“焉”当如王念孙诠为“于是也”。如此，无论怎样断句，简本和增订本在义蕴上完全一致。断句，则当以“安（焉）”字从上读作语助词为是，所以取全文前后一致也。然则，反儒家伦理观念，就是老子所固有的了。

“孔子适周，将问礼于老子。老子曰：‘子所言者，其人与骨皆已朽矣，独其言在耳。且君子得其时则驾，不得其时则蓬累而行。吾闻之，良贾深藏若虚，君子盛德，容貌若愚。去子之骄气与多欲，态色与淫志，是皆无益于子之身。吾所以告子，若是而已。”（《史记·老子列传》）

“孔子见老聃而语仁义。老聃曰：‘……夫仁义憯然乃愦吾心，乱莫大焉。吾子使天下无失其朴，吾子亦放风而动，总德而立矣，又奚杰杰然揭仁义，若负建鼓而求亡子者邪？’”（《庄子·天运》）

可见老子本来不赞成并批判孔子学说，历史文献记载同简本是完全吻合的。

关尹即环渊改“绝智弃辩”为“绝圣弃智”，“绝伪弃诈”为“绝仁弃义”，亦如增“不尚贤，使民不争”（增订传本三章，以下只注章次），“天地不仁”、“圣人不仁”（五章），“失道而后德，失德而后仁，失仁而后义，失义而后礼。夫礼者忠信之薄，而乱之首”（三十八章）一样。亦所以阐释老子思想也。

而且，这是有其积极意义的，它启导开拓了战国法家一代思潮，说明老子和关尹即环渊还是法家先驱人物。

老子、关尹（环渊）讲的是哲学，提出“损有余而益不足”（七十七章）的平等要求，“乐与饵”（三十五章）争取人民的策略思想而寄希望于“守道”的“侯王”。

黄老学派讲的是老子哲学，补充、丰富、发展了老子的哲学和政治纲领，是法家的过渡环节。

法家讲的是政治，是以老子、黄老学说为指导讲社会政治学。

老子的“道”，从宋钘引申到“法”（参见《管子·心术上》）。慎到就提出了“以道变法”的政治路线（参见《艺文类聚》卷五十四）。在这里，黄老学派的哲学家，汉人称为道家，也就成了法家，宋钘、慎到是实际上的法家。

慎到重“势”，商鞅重“法”，申不害重“术”，这就是“处势”、“师法”、“执术”的三大学派。

“申子之学本于黄老而主刑名。”（《史记·老子韩非列传》）“鞅少好刑名之学。”（《史记·商君列传》）韩非“喜刑名法术之学，而其归本于黄老”（《史记·老子韩非列传》）。《解老》、《喻老》是韩非的有名的哲学著作。他们的思想都是来源于老子学说的。

然而《老子》增订本《道德经》并非十全十美，而是有其不足之处的。

简本“圣人之在民前也，以身后之；其在民上也，以言下之”（简本《老子》甲），是极其自然的，体现了老子的“朴”和“无为”的崇高思想。

增订本改为“圣人之欲上民也，必以其言下之；其欲先民也，必以其身后之”（六十六章）。“以其言下之”、“以其身后之”是“欲上民”、“欲先民”的手段，就表现为“有为”的权术了，以及其他等等。自然，白璧微瑕，就是非常次要的了，岂可以苛求于古人哉！

缘 起

著名作家王蒙出版《老子的帮助》,并在中央电视台国学论坛作了演讲,这是国学界一件大事。《老子的帮助》采取类似南怀瑾《老子他说》的体例,首出原文——王弼《老子注》,然后逐章译述。赵士林赞誉:“对老子的解读,可谓形上形下,挥洒淋漓,上天入地,洞烛幽微,深入浅出,能近取譬,鸢飞鱼跃,触处生春……”如春雷贯耳,影响所及,国学界颇受震惊。

王弼《老子道德经注》为魏晋以来的通行本,其中除把认识论误为为道论,尚不知“道”为“物质的抽象”外,独辟蹊径,如“黄老于汉”一样,形成代表一个时代的“魏晋玄学”,是值得进一步研究发扬光大的。

我笃好老子,研究老子曾以王弼本为底本,也曾以帛书本为底本的。导论、本文、注释和译文都取分列的形式。今东施效颦,亦取通行本为底本,校之他本,首出原文,融导论、校注、译文于一体,解决仍然尚未认识的问题,改写旧著而出《老子的教诲》初稿。随着古代文物陆续出土,获得《老子》历史上先后出现的各种版本,盖览其基本概貌,此探索之最大机遇和幸事也,以捍卫老子“道”的本义。

文献有它的自然逻辑,是不可凭空猜想论断的。老子是本体论的开山之祖,墨翟(达名)[①]、荀卿(无共)[②]相继,多么遥远啊,多么遥远啊,宇宙整体是由物所悠演不已的。

“天法无名”,“不可为二名”,这就是“物”。万物、生物、无生物是由“物”这个本体崛起的产物。《伊尹·九主》出土于长沙马王堆汉墓帛书《老子》附录,其论断,简直是一言中的。如初出的太阳啊,如初出的太阳啊,万丈光芒从此迸射!这说明老子的“无名,天地之始,有名,万物之母”,自古以来就有它的确切的科学含义。可惜科学发达的今天,仍有弃老子本义和其研究历史于不顾的任意解说和演讲呢!

注释

①达名:《墨子·经说上》:“名,物,达也,有实必待名多也。”指反映普遍性最高的类概念。

②无共:《荀子·正名》:“万物虽众,有时而欲遍举之,故谓之物,物也者,大共名也,推而共之,共则有共,至于无共然后止。”其实都是对老子“无名”之体悟也。

绪 论

一 中国古典道学的形成过程

(一)春秋以前没有私人著作

春秋时没有私人著书的风气。孔子没有著书,《论语》是他的语录的思想总集。《汉书·艺文志》说:“《论语》者,孔子应答弟子、时人及弟子相与言而接闻于夫子之语也。当时弟子各有所记,夫子既卒,门人相与辑而论纂,故谓之《论语》。”其篇章不但出自孔子不同的学生之手,还出自他不同的再传弟子之手,不少是曾参的学生的记载。据杨伯峻的研究,“《论语》的着笔当开始于春秋末期,而编辑成书则在战国初期”(杨伯峻:《论语译注》,中华书局1980年版,第29—30页)。

墨子也没有著书,《墨子》是墨子讲学时学生们记录的汇编,包含着体例不同的几个部分,可说是一部墨家学说的丛书。《尚贤》、《尚同》等十篇各有上、中、下三篇,内容大同小异,可能后来墨家分为三派,三派对《墨子》学说的传述各有详略不同的记载。

老子是老聃,与孔子同时略早,是孔子的长辈,孔子是老子的学生。杨朱是实践老子学说的学生,《庄子》中屡次说到他。

他的“为我”学说，要奴隶和自由民起来为自己的生存而斗争，把老子反对奴隶主贵族的思想引向行动化。老子倡导“不言之教”，“不敢为天下先”，且陈义过高。杨朱主张“全性保真，不以物累形”。他们更没有著书。在老子、杨朱以至杨朱弟子的时代，虽然“杨朱、墨翟之言盈天下，天下之言，不归杨则归墨”（《孟子·滕文公下》），但都不曾成为一个蔚然的学术潮流。在这个阶段，只是口授心传，有零简碎牍的记载。大约是三、四代后学，相当彭蒙之师的那一代传人，“因发明序其指意”而出简本《老子》，就成为系统的文献。郭店楚墓出土的简本《老子》甲、乙、丙三篇是战国楚顷襄王时期的系列抄本，是迄今为止所见年代最早的传抄本。其中甲一章七节有“侯王能守之”句，甲四章有“侯王如能守之”句。“侯王”是战国时期各诸侯国君纷纷称王之后才有的，这是它的时代的标志，春秋时是没有的。可见简本《老子》亦应是他的三、四代弟子发明序次的书。及至稷下先生，“环渊，楚人，皆学黄老道德之术，因发明序其指意，故……著《上下篇》”。简本《老子》所“发明序”的“指意”，当是发现整理零简碎牍的微言大义；环渊所“发明序”的“指意”，就可能是在发现简本《老子》的基础上，重新调整其序次使之完全融入增订本之中了。由此可见，中国古典道学创始于老子，经简本《老子》至《上下篇》而抵于完备。“稷下先生时代，道家三派（宋钘、尹文派；彭蒙、田骈、慎到派；关尹、老聃派）略有先后地并驾齐驱，不仅使先秦思想更加多样化，而且也更加深邃化了。儒家墨家都受了他们的影响而发生质变，阴阳、名、法诸家更是在他们的直接感召下派生了出来的。……事实上就是孟子、荀子都已经不是纯粹的儒家，他们在精神上已经是强半逃儒归杨了。”（郭沫若：《十批判书》，人民出版社 1954

年版，第141页）这就是道家文化在中国古代文化中所发挥的深刻影响。此陈鼓应先生之所以把它称为主干作用者也。

（二）中国古典道学创始形成的三个阶段

中国古典道学，创始于老子的口授心传，未成系统的文字典籍，或散见于弟子的零简碎牍的记录；经后学的发现序次整理阐明其指意而出简本《老子》；到环渊在简本《老子》的基础上增订为《上下篇》，上为道篇，下为德篇，故又称《道德篇》，也有按西汉前期下上观排列称为《德道篇》的。而概称之为《老子》，“以深为根，以约为纪，曰坚则毁矣，锐则挫矣。常宽容于物，不削于人，可谓至极”（《庄子·天下》）。乃石破天惊，发人神智，震撼古今，蔚然成为一大学术潮流，迄于今日不衰。

（三）《老子》传抄版本的基本情况

王弼本、河上公本为魏晋以来的通行系列传本。傅奕本为唐初依据北齐武平五年开项羽妾冢所得系列抄本。帛书甲、乙本为长沙马王堆汉墓出土的汉初系列抄本。这些都是《道德经》不同系列的传抄本，应该说是有其共同的来源的。

简本《老子》三篇是战国楚顷襄王时期的系列抄本。简本甲：哲学篇，由宇宙论、认识论和政治军事论组成。宇宙论、认识论终归是为政治服务的，这就构架了一个基本的哲学，这是它的基本的主要的部分。简本乙：认识论补充篇。简本丙：政治军事补充篇。乃构成一部完整的系列抄本，这是迄今为止所见年代最早的传抄本，绝大部分文句与今本相近或相同，不分道经与德经，章次也不相对应。简文约相当于《道德经》传本文字的五分之二，显然不是《道德经》系列而隐现其原始性。

司马迁说："慎到，赵人。田骈、接子，齐人。环渊，楚人。皆学黄老道德之术，因发明序其指意，故慎到著十二论，环渊著上下篇，而田骈、接子皆有所论焉。"（《史记·孟子荀卿列传》）"因发明序其指意"这句话，当有其具体涵义。在简本《老子》时期，当是发现了老子的零简碎牍序次其指意，看来还阐明了他们自己的认识；在慎到，田骈、接子，环渊时期，从《上下篇》来看，当是重新序次原始传本章节作出了调整使之完全融入他自己的认识中。原始传本少于后来的抄本。然则简本《老子》是"源"，盖老子的原始传本或原始传本之一；《上下篇》系列传本是"流"，盖后来的传抄本其为原始传本的增订本欤？

帛书甲、乙本对研究老子弥足珍贵，可以校正通行本的字句，也证明通行本是自古传来的本子。帛书甲、乙本同傅奕本一样虚词较多，异体字、假借字、夺字和衍字繁多，是不便于普及的。因此，以通行本为底本校之以帛书本是最适宜的。

二　中国古典道学的主要思想

《老子》八十一章，一章为韩非以前人的伪作羼入。那么，老子提供了哪些教诲呢？今就其哲学思想的主要部分叙述如下：

（一）老子的朴素的唯物论

1．"道"

老子文辞至赜而义蕴确切，诠释求物之妙，如系风捕影，古已有之，于今为烈。尤以对于哲学的基本概念如此。

老子是很现实和老实的，也是很高深和科学的。宇宙世界是什么的问题,他不是凭空猜想和揣度,而是按照常人认识客观事物的通则进行深远探求和科学判断。例如张三是人,白马是马,把一定的名放在另一个更广泛的名里而称道之。天下万物是有其更广泛的名所称道的物类,那就是生物、无生物。故曰:“有名”、“有”。有更广泛的名所称道的物类,生物、无生物是无更广泛的名所称道的最高物类,那就是“物”。故曰:“无名”、“无”。从“天下万物”寻其所自,“从有返无”,得出“物”即“道”的本体论,“自无生有”(自然包括天下万物)的宇宙世界生成论。这是“道”的本体论和宇宙世界生成论的两个基本的系统。所以老子说:“天下万物生于有,有生于无。”

这里表示的“有”是“生物、无生物”,乃“天下万物”的概括和抽象;“无”是“物”,乃“生物、无生物”的概括和抽象,那是极其清楚科学的。那么“有”和“无”不是从天上掉下,而是从“天下万物”逻辑地科学概括抽象取得的,老子第一次提出人类逻辑定义的普遍适用的公式——“名可名”,人们日用之重复亿万次而不知也。“道”就是这个公式的展开连续至于不可定义称道的极致而得出的,老子谓之“绳绳不可名”。那么,老子“道”之为“物”,其为朴素的唯物论那是自明而无可辩驳的了。

2. 道生一,一生二,二生三,三生万物

老子从“反者道之动,弱者道之用”(四十章)为核心和出发点对世界发展的一般进程作了合理的猜测。认为向对立面转化是“道”的运动,其所以转化,是弱的新生事物起了作用。这是说“道”自身存在着矛盾,从而引起斗争和变化。世界就是“道”的矛盾斗争的长过程的产物。老子说:“道生一,一生二,二生三,三生万物。万物负阴而抱阳,冲气以为和。”(四十二章)就是讲的这个进程。这就是说“道”使世界得到统一,统一物分裂为对立的两方面,对立的两方面产生新的第三者,新的第三者又分裂,不断变化、演化,产生万物。万物都包含着阴阳的对立,只是其运动处在“阴阳适均而不偏胜”的相对静止的质的稳定状态罢了。

在这里,“道生一”的“一”和“一生二”的“一”是两个不同的概念,前者是状词,后者指“道”。这是必须注意区别的。因为老子的“道”是从名学(逻辑学)对世界的认识得出结论的。这就是从有更广泛的名称道的“万物”这个“生动的直观”,“有”,推出无更广泛的名称道的“恍惚”这个“物的抽象”,“无”。所以说“有”万殊,“无”生“一”,即万物虽众虽殊,原出于“道”,乃产生统一。这在名家就叫做“万物毕同”(《庄子·天下篇》),在荀况就叫做“万物虽众,有时而欲遍举之,故谓之物”(《荀子·正名》)。有了“大共名”的“物”,众殊的万物,就得到“遍举”,统一。“一生二”的“一”,就是指“道”了,意即“一”之“道”,使世界得到统一的这个“道”,或曰统一物。《道德经》中有十五个“一”字。十个指“道”,两个作量词,两个作状词,一个是次第词,是字同词异的,千万不可粗心大意。

老子关于世界发展一般进程的思想是符合科学的。宇宙太虚,充满物质。物质存在着矛盾,乃分裂,乃相推荡,于是产生新物种、新事物,新物种、新事物又存在着新矛盾,于是又分裂,又推荡,如此往复不息,乃产生万物。万物不过是矛盾斗争在质的相对稳定状态时的表现,这是最一般的描述。这是可以用近代的生物史和胚胎学来证明的。

根据近代的生物史和胚胎学,无机自然物通过化学途径产生原生质或蛋白质,原生质或蛋白质形成少数原始单细胞胚胎,这些胚胎的长期发育过程的结果,就产生今天存在于我们周围,包括我们在内的有机自然物,整个植物体和动物体都是从细胞的繁殖和分化中发育起来的。包括一切高等有机体都是按照一个共同规律发育和生长的。新的物种的产生是通过细胞的变易能力使有机体改变了自己的物种而实现的。

因此,就有机自然物来说,都是原始单细胞胚胎的长期发育过程的产物。也就是说细胞是它们的共同的直接的本原,它使得千差万别的有机自然物得到统一,这就叫做"道生一"。自然,原始单细胞胚胎还有一个与无机自然物共同的最初的本原。

细胞不断地进行分化,由一个繁殖发育成为两个;一定的物种通过变易,由一种分化成为两种,这就叫做"一生二"。

细胞的繁殖和分化,或物种的变易和分化,以一定的形式形成一定的新物种。也就是说一定的新物种是细胞的分化和繁殖或物种的变易和分化的结果,这就叫做"二生三"。

一定的新物种,这个第三者,在一定的条件下,通过细胞的变易能力使有机体改变自己的物种,从而又产生新物种。如此不断地变化、演化乃产生万物,这就叫做"三生万物"。

千差万别的无机自然物,也是按照一个共同的规律由一种形式向着别一种形式不断地转化产生的。

总之,无论无机自然物和有机自然物,都是由一个共同的本原,物质的矛盾斗争的长过程的产物。

"天下万物生于有,有生于无"(四十章)是一个概括的公式,它所表述的是宇宙发生的一个大序列;"道生一,一生二,二生三,三生万物"是这个公式的展开,是宇宙发生的这个大序列自己内部的内容和这个内容所具有的辩证法。

自然科学所描绘出的这一幅自然界发展演化的清晰的图

景，证明老子在“名学”基础上所论证和提出的这个世界发展的一般进程，在全体上说来，是多么正确啊！

3.“道”是可认识的

“道”是可认识的，老子的“道”是物质本原、世界存在和其运动规律，是客观存在，不因人的意志而改变的，是人类认识主体的唯一客体对象，是可以认识的。

老子要人们“惟道是从”（二十一章）。不言而喻：可认识，然后可从。那么，如何认识“道”呢？老子认为根本的准则是“无为”（二章），“辅万物之自然而不敢为”（六十四章）。为了做到这一点，具体来说必须以客观世界为“法”，叫做“人法地”。人是生存于地上这个客观世界的，必须经常注意于观察客观世界事物的本质，观察反映事物本质的那些现象和端倪。事物的本质就是“无”，就是无更广泛的名所称道的物类；事物的现象和端倪就是“有”，就是有更广泛的名所称道的一定的物类。现象和本质同出于天地万物而命名有别，这是人们在感知的基础上逻辑思维的表现，是从具体的东西深入进去，穷其极致，上升到本质的东西取得的。老子认为这是认识万物本质妙用的途径。

老子说：“知常曰明，不知常，妄作凶，知常容。”（十六章）“常”是“常道”和“非常道”的一个略称，就是物质运动的规律。老子认为知道规律性叫做“明”，不知道规律性轻举妄动就碰壁。知道规律性就能使主观行动与客观运动相适应。从此，老子提出了“载营魄抱一”（十章）的认识论的根本准则（式）。“载”，发语词，诗云“载驰载驱”、“载笑载言”是也；“营”，经营，使也；“魄”，魂魄、灵魂，也就是思想；“抱”，合于。林希逸说：“抱者，合也。”“一”，指“道”，就是客观外界的规律性。“载营魄抱一”,就是使思想合于客观外界的规律性,如此而已。

老子说:“善建者不拔,善抱者不脱”(五十四章),“圣人抱一为天下式”(二十二章)。就是说善于建立事业的人坚定不移,善于使思想合于客观外界规律的人适应不脱,“圣人”以使思想合于客观外界的规律作为天下的准则。

这是说“道”是可认识的,可应用于人们的行动,是人们行动的准则。

以上就是老子的朴素的唯物论。

(二)老子的自发的辩证法

1.“反者道之动”

老子不仅是朴素的唯物论的杰出的创始人,而且如同古代希腊的哲学家赫拉克利特一样,“是辩证法的奠基人之一”。赫拉克利特其所以成为辩证法的奠基人之一,因为“在赫拉克利特看来,世界的基本规律……是‘向对立面转化的规律’”(列宁《哲学笔记》)。列宁认为这个规律是辩证法的本质(参见列宁《谈谈辩证法问题》)。

老子同赫拉克利特一样,正是第一个在中国古代提出了辩证法的根本规律。

老子说:“反者道之动,弱者道之用”(四十章),“道”曰“大[一]”,“大[一]曰逝,逝曰远,远曰反”(二十五章)。“万物负阴而抱阳,冲气以为和”(四十二章)。就是说向对立面转化是“道”的运动,弱的方面是“道”所以转化起了作用。“道”又叫做“大[一]”,是运动的,运动到极点,所谓“远”,数量的变化达到了某一个最高点,引起了统一物的分解,发生了性质的变化,就向对立面转化,“反”了。任何事物都包含着阴阳的对立,是其运动处在“阴阳适均而不偏胜”的相对静止的质的稳定状态。这些思想，显然，同列宁的统一物分成两个互相排斥的对立，而两个对立又互相关联着（参见列宁《谈谈辩证法问题》），同毛泽东的事物都是一分为二的思想，在本质上是完全一致的。

列宁说：“可以把辩证法简要地确定为关于对立面的统一的学说。这样就会抓住辩证法的核心，可是，这需要说明和发挥。”（列宁《哲学笔记》）这是赫拉克利特，同样是老子已经作出的规定。列宁肯定赫拉克利特的贡献，还未及说明和发挥。

毛泽东继承列宁的事业完成了列宁提出的这个任务。

毛泽东说：“事物的矛盾法则，即对立统一的法则，是唯物辩证法的最根本的法则。”（毛泽东《矛盾论》）又说：“对立统一规律是宇宙的根本规律。这个规律，不论在自然界、人类社会和人们的思想中，都是普遍存在的。”（毛泽东《关于正确处理人民内部矛盾的问题》）他在《矛盾论》中精辟地说明和发挥了对立统一的思想。

老子从全体上把握了对立统一规律。对这个规律的内容，虽不够深入，但有一定程度的阐发。老子接触到了矛盾的普遍性，运动的两种状态，凡是现存的都是要灭亡的，事物的存在形态有相反的本质，肯定否定，由特殊到一般，又由一般到特殊，穷局部则知全体等辩证法的思想。

2. 矛盾的普遍性

老子说：“天下皆知美之为美，斯恶已；皆知善之为善，斯不善已。有无相生，难易相成，长短相形，高下相倾，音声相和，前后相随。”（二章）“万物负阴而抱阳，冲气以为和。”（四十二章）

就是说天下都知道美的东西是美的，就有了丑了；都知道善的东西是善的,就有了恶了;有无互相对立而生,难易互相对立而成;长短互相对立而体现;上下互相对立而包盈;音声互相对立而出和谐,前后互相对立而有顺序。任何事物都包含着“阴”、“阳”的对立,是其运动处在“阴阳适均而不偏胜”的相对静止的质的稳定状态。

毛泽东说:“一切事物中包含的矛盾方面的相互依赖和相互斗争,决定一切事物的生命,推动一切事物的发展。没有什么事物是不包含矛盾的,没有矛盾就没有世界。”(毛泽东《矛盾论》)

这说明老子已接触到了矛盾的普遍性的认识。

3. 运动的两种状态

老子说:“夫物芸芸,各复归其根。归根曰静,是谓复命。”(十六章)

就是说事物激烈变化,各又回到统一。回到统一是事物经过显著的变动的状态,达到矛盾的解决,转化为相对的静止的状态,这叫做又开始它自己的矛盾发展史。

毛泽东说:“无论什么事物的运动都采取两种状态,相对地静止的状态和显著地变动的状态。两种状态的运动都是由事物内部包含的两个矛盾着的因素互相斗争所引起的。当事物的运动在第一种状态的时候,它只有数量的变化,没有性质的变化,所以显出好似静止的面貌。当事物的运动在第二种状态的时候,它已由第一种状态中的数量的变化达到了某一个最高点,引起了统一物的分解,发生了性质的变化,所以显出显著地变化的面貌。”“事物总是不断地由第一种状态转化为第二种状态,而矛盾的斗争则存在于两种状态中,并经过第二种状态而达到矛盾的解决。”(毛泽东《矛盾论》)

老子正是认为事物的运动采取"芸芸"的动态和静态两种状态,静态是对立面共居于一个统一体中矛盾尚未激化,"只有数量的变化"时的状态,也就是统一物还没有分解时的状态。所以说是"根",是斗争的起点。因为"斗争性即寓于同一性之中",而斗争一展开必然向反面转化,解决矛盾,又回到统一。"这是旧的统一和组成此统一的对立成分让位于新的统一和组成此统一的对立成分,于是新过程就代替旧过程而发生。旧过程完结了,新过程发生了。新过程又包含着新矛盾,开始它自己的矛盾发展史。"(毛泽东《矛盾论》)这就叫做"复命"。

在这里,老子粗略地把握了事物的运动由静态到动态,又回到静的这个全过程,并把它称之为普遍性的规律,叫做"常"。

人们处在革命的时代,每每只注意、强调革命和变革,注意事物由第一种状态转化为第二种状态,这是可以理解的。然而事物一旦经由第二种状态达到矛盾的解决而成为新事物时,就一定要创造和呈现出相对的静止的状态,即第一种状态,这是新事物成长所不可缺少的。

老子说:"一生二,二生三,三生万物。万物负阴而抱阳,冲气以为和。"就是说统一物分裂为对立的两方面,对立的两方面经过显著的变动,达到矛盾的解决,乃产生新的第三者。新的第三者又包含着新矛盾,这是它的相对静止的质的稳定状态。吴澄说:"'和',谓阴阳适均而不偏胜。"讲的就是事物内部所包含的矛盾方面有一个冲融、和合、协调的阶段。而且就事物发展的全过程来看,一般地说,事物运动的相对静止状态较之其显著变动状态的时期要长得多。这是因为量变总是渐进的,长期的,质变则表现为统一物的分解,是短暂的,一时的。因此,在事物的相对静止的质的稳定阶段,要讲蓄养、宽容,变革要注意渐进性,要关照“阴阳适均而不偏胜”。一句话,不能不及此质,不能过此质,这是最关紧要的。这是老子所以提出“守中”思想的根据。这就是要把握住事物的质的规定性。

我们党在建国后一个相当长的历史时期的“阶级斗争”的扩大化和极左路线的错误,难道不正是这种哲学上“失中”的具体表现吗？应该说这是一个必须内省吸取的严重的教训。

4.“物壮则老,是谓不道,不道早已”

恩格斯在《路德维希·费尔巴哈和德国古典哲学的终结》一书中就黑格尔“凡是现实的都是合理的”之重要命题,论证了它的辩证法的“合理的内核”。老子的“物壮则老,是谓不道,不道早已”(三十章)的命题,实际上是黑格尔同一命题的否定提法。

恩格斯写道:“在黑格尔看来,决不是一切现存的都无条件地也是现实的。在他看来,现实性这种属性仅仅属于那同时是必然的东西;‘现实性在其展开过程中表明为必然性。’”“在发展过程中,以前一切现实的东西都会成为不现实的,都会丧失自己的必然性、自己存在的权利、自己的合理性;一种新的、富有生命力的现实的东西就会代替正在衰亡的现实[存](已不是现实的东西,因为它丧失了现实性,应该说是现存的东西)的东西,——如果旧的东西足够理智,不加抵抗即行死亡,那就和平地代替;如果旧的东西抵抗这种必然性,那就通过暴力来代替。”(恩格斯《路德维希·费尔巴哈和德国古典哲学的终结》)

这就是说任何事物都有其发生、发展和衰亡的过程,不仅有上升的过程,而且有下降的过程。黑格尔认为事物在其发生、发展的上升过程这个必然的限度内是合理的,是合乎理性的,叫做“现实性”。用老子的话说叫做“合乎道”。老子认为事物壮大到下降的转折点时就走向衰老,叫做“不道”。“不道”的东西就快要灭亡。显而易见,老子的“不道”,就是丧失了自己的必然性,自己存在的权利,自己的合理性的意思。也就是丧失了“现实性”。

黑格尔说:“凡是现实的都是合理的。”

老子说:“凡是不现实的都是注定要灭亡的。”如此而已。

不仅如此,老子还从此出发,进一步阐明了这个命题的另一方面的意义。在老子看来,“物壮则老”,而另一方面,“柔弱胜刚强”(三十六章)。

这就是说事物壮大到下降的转折点时就走向衰老,而柔弱的正在产生和发展的东西必然战胜看来刚强但实际上已开始衰亡的东西。这两个方面,从全体上概括了事物发展的基本过程。在这个过程中,柔弱的正在产生和发展的东西,是不可战胜的。否则,事物就不可能转化。所以老子说:“弱者道之用。”(四十章)就是说事物所以向对立面转化是由于弱的新生事物起了作用。

显而易见,这是一种完全的辩证的发展观。

5.“道”“与物反”

老子认为事物的存在形态,矛盾诸方面的状态,有相反的本质。

他说:“玄德深矣,远矣,与物反矣。”(六十五章)“玄德”,在这里,实际上是讲的“道”。王弼说:“凡物之所以存,乃反其形。”“此道之与形反也。”(王弼《老子指略》)就是以老子为根据的。

老子总是注意于事物的矛盾,指出它的互相排斥的对立,指出矛盾诸方面的状态存在着相反的因素。

老子说:“天下之至柔,驰骋天下之至坚。无有入无间……”(四十三章)

“祸兮,福之所倚;福兮,祸之所伏。”“正复为奇,善复为妖。”(五十八章)

“兵强则灭,木强则折。”“强大处下,柔弱处上。”(七十六章)

就是说天下最柔弱的东西能克服最坚硬的东西,不可见的东西能进入无隙的空间。表现为柔弱,却可以克坚,表现为坚硬,却为柔弱所克;表现为“无有”,却无所不入,表现为“无间”,却可以进入。灾祸中有着幸福的种子,幸福中隐伏着灾祸的趋向;正面可以变成反面,好事可以变成坏事。军队强大可以是灭亡的条件;树木茁壮达到顶点正是衰老的起点。坚强的失去现实性的东西向下衰落;柔弱的新生事物向上发展。坚决反对“其日固久”(五十八章)的形而上学的“迷惑”。

这就是说矛盾着的对立的双方都有其相反的成分,所以互相斗争的结果,无不在一定条件下互相转化。所以“不应当把这些对立看作死的、凝固的东西,而应当看作生动的、有条件的、可变动的、互相转化的东西”(毛泽东《矛盾论》)。所以“我们必须学会全面地看问题,不但要看到事物的正面,也要看到它的反面”(毛泽东《关于正确处理人民内部矛盾的问题》)。这就是老子“道”“与物反”必然要引出的结论。

6.“莫之是,莫之非”

老聃遗说,主要收入《道德经》。他的从消灭、生成的过程来观察事物的观点,则收入《庄子·天下》。《天下》篇说田骈“学于彭蒙,得不教焉”。这相当于《道德经》上“不言之教”的原理,则彭蒙是渊源于老子的。“彭蒙之师曰:‘古之道人,至于莫之是，莫之非而已矣。其风窢然，恶可而言？'常反人，不见观，而不免于魭断。其所谓道非道，而所言之韪，不免于非。"
"其所谓道非道"，补足其词，应是"道非道，是常道"，是《道德经》上"道可道，非常道"的肯定表述。则"古之道人"，就是老子。

在老子看来，人们对于事物的观察，不固执"是"，不固执"非"就罢了。这是说不应当把"是"、"非"的对立绝对化，把它看做死的、凝固的东西，而是应当把它们看做生动的、有条件的、可变动的、互相转化的东西。他的作风冷静，是不可用言语来形容的。他总是与常人相反，不轻易表示自己的意见，而不免在心里琢磨、权衡、判断。他所说的"道"，是不可用定义来称道的；而所说的"是"，不免本身就包含着"非"。这同形而上学者在绝对不能相容的对立中思维着的"是—是，否—否"的公式是截然不同的。同赫拉克利特的"万物存在着，同时又不存在着，因为万物皆在流动，万物皆在永恒的变更中，皆在不断产生与消灭的过程"的思想是相近的或者说是一致的，是"正确地抓住了现象的整个的图画的一般性质"。尽管要解决整个现象所由构成的特殊部分是不够的。

恩格斯说："辩证法不知道什么绝对分明的界限，不知道什么无条件的普遍有效的'非此即彼'。它使固定的形而上学的差异互相过渡，除了'非此即彼'，又在适当的地方承认'亦此亦彼'，并且把对立的东西统一起来。"

举例来说，如旧中国的封建土地所有制束缚生产力的发展为"非"，个体经济对农民有很大的积极性为"是"；而一旦把封建土地所有制变革为农民的个体经济，如果生产力确实提高了，确实发现它与社会主义制度不完全适应而为"非"了，在适当的时候,才必须寻求一种新的生产关系的“是”去取代它。一定的生产力决定一定的生产关系,生产关系要适应生产力的性质,要随着生产力的提高而变革。生产力是最活动、最革命的因素。起初是社会的生产力发生变更和发展起来,然后,人们的生产关系、人们的经济关系依赖于这些变更,与这些变更相适应而发生变更。社会生产力发生变更和发展起来,达到人们的生产关系,人们的经济关系也必须作出相应的变更和发展的程度,这个问题,至关重要。当生产关系还存在发展生产力余地时,不仓促地去变更生产关系。因为只有当生产关系适合于生产力的性质和状态时,它才能加速生产力的发展,为“是”。过早变更和发展生产关系,脱离生产力的增长,同样会和这一增长相矛盾,变成束缚生产力的桎梏,延缓生产力的发展,为“非”。此时,社会的这种过早产生的人们的生产关系、人们的经济关系,还是必须改革的。前之所“是”包含着后之所“非”的成分、因素或条件。只有当这些成分、因素或条件已经发展到质变的“度”时,才转变成为“非”的。“是”是有条件的,“非”是绝对的,从总的发展过程来看,这里就没有绝对的是非界限可言。这就是所谓“莫之是,莫之非”。“所言之韪,不免于非”,也终于走向“非”而过渡到高一级的阶段。如此看来,在我们面前,无所谓绝对的“是”“非”,不过是一个“肯定、否定”的长过程度罢了。

因此,“莫之是,莫之非”,应该说是已经有了“肯定、否定”这个规律的合理的因素了。

7. 关于认识的两个过程,由特殊到一般,又由一般到特殊

老子基于他的辩证法的深刻的认识,接触到了“人类认识的两个过程的互相联结——由特殊到一般,又由一般到特殊”

（毛泽东《矛盾论》）这个马克思主义的认识论的科学真理。

老子说："执古之道，以御今之有，能知古始。"（十四章）王弼说："古今通，终始同，执古可以御今，证今可以知古始。"（《老子指略》）"证今可以知古始"，是由特殊到一般；"执古可以御今"，是由一般到特殊。

老子又说："天下有始，以为天下母。既得其母，以知其子；既知其子，复守其母。"（五十二章）这是一个完整的表述。

"始"和"母"，讲的是事物的本原，也就是诸种事物的共同的本质。老子说："无名，天地之始。"（一章）"有物混成……可以为天地母。"（二十五章）则"子"，自然就是个别的和特殊的事物和其特殊的本质，也就是所谓"天地万物"和其"非常道"了。

老子认为世界是有其本原的。这种本原是生成世界的根基。既已认识了这种共同的本质，就应以这种共同的认识为指导继续地研究各种具体的事物。既已认识了各种具体的事物，还应进一步概括把握诸种事物的共同的本质。

毛泽东说："就人类认识运动的秩序说来，总是由认识个别的和特殊的事物，逐步地扩大到认识一般的事物。人们总是首先认识了许多不同事物的特殊的本质，然后才有可能更进一步地进行概括工作，认识诸种事物的共同的本质。"（毛泽东《矛盾论》）这就叫做"既知其子，复守其母"。

老子是懂得这个人类认识运动的秩序的。老子的"道"，在这里，叫做"始"和"母"，就是从生动的直观，"万物"，在概括和科学的抽象中认识的。就"概括和科学的抽象"说，叫做"玄之又玄"（一章）。就"生动的直观"到"物质的抽象"说，叫做"自今及古"（二十一章）。这就是说"既得其母"是"由特殊到一般”取得的。这在老子的认识论中是明白的。

那么,老子在这里为什么先讲“由一般到特殊”呢?那是因为人类已经有了自然知识、社会知识和最一般的哲学知识,处在一个认识的历史发展的过程之中,任何个别和特殊的认识,总是在一般的指导之下进行的。事实上,也不必事事从直接经验开始,更多的是以既得的理论为指导的。于是由一般到特殊,也就成了认识的一个普遍形式了。

“当着人们已经认识了这种共同的本质以后,就以这种共同的认识为指导,继续地向着尚未研究过的或者尚未深入地研究过的各种具体的事物进行研究,找出其特殊的本质,这样才可以补充、丰富和发展这种共同的本质的认识,而使这种共同的本质的认识不致变成枯槁的和僵死的东西。”(毛泽东《矛盾论》)这就叫做“既得其母,以知其子”。

“这是两个认识的过程:一个是由特殊到一般,一个是由一般到特殊。人类的认识总是这样循环往复地进行的,而每一次的循环(只要是严格地按照科学的方法)都可能使人类的认识提高一步,使人类的认识不断地深化。”(毛泽东《矛盾论》)

8. 关于“曲则全”的思想

老子基于他的辩证法的深刻认识,实践上主张“图难于其易,为大于其细”(六十三章),认识上主张“致全于其曲”。他说;“曲则全,枉则直,洼则盈,敝则新。”(二十二章)“曲”,“致曲”也。《四书 · 中庸》:“其次致曲。”朱熹注:“致,推致也;曲,一偏也。”就是对于局部的研究而“造其极”也。“枉”,弯曲,指走弯路。洼,谷也,取其中虚,可以盈物。“敝”,破旧也。这就是说穷局部则知全体,走弯路则知走直路,中虚则能盈物,推陈则能出新。世界上的事情是复杂的,不是直线的,也不是单一层面的，人们的认识，也应如此，不是直线，也不是沿着直线进行的，看问题切忌片面性。

老子总是注意于矛盾的依存关系，局部和全体，弯路和直路，中虚和充盈，陈旧和新事物。

老子总是注意于矛盾的根基，从负面来透视正面，着力于局部以把握全体，着力于走弯路以把握直路，着力于中虚以把握充盈，着力于陈旧以把握新事物。

在老子看来，正面固然是矛盾的主要方面，而依存于负面，根基是负面。“曲”中包含着全体的部分、成分或因素，“枉”中包含着直，“洼”中包含着“盈”，“敝”中包含着“新”，如此等等。而只有把握矛盾的根基，才是把握了事物。

然而，要做到这一点是不容易的。这就要求谦虚而不自满，叫做“少则得，多则惑”。“少”，自少也，自知不足则受益；“多”，自多也，自以为有余则迷惑。

老子认为只有做到这一些，才能合于“道”。合于“道”，这是认识的根本准则。

因此，不能只看到自己，要知己知彼，所以高明（不自见故明）；不能自以为是，要听取众说，所以昭彰（不自是故彰）；自我吹嘘（自我），骄矜自负（自矜），就做不到这一点。故曰：“不自伐故有功，不自矜故长。”（二十二章）

有了全面性，不矜伐自满，气壮如牛，看问题符合实际，善于抓住具体运动的物质条件而不超越可能性，不去侥幸取胜，天下就没有谁能胜过他的：“夫惟不争，故天下莫能与之争。”（二十二章）

因此，一个人要有“知人”之“智”，“自知”之“明”，“胜人”之“力”，“自胜”之“强”，生活上“知足”，事业上“强行”，才能

"不失其所"(三十三章)。

《淮南子·说山训》云:"寇难至,躄能者告盲者,盲者负而走,两人皆活,得其所能也。故使盲者语,使躄者走,失其所也。"这就是说认识要符合实际,避免片面性,如同使"躄者"的视力与"盲者"腿力相结合一样,举措得当,就自然能达到目的。这就叫做"不失其所"。

以上就是老子的自发的辩证法。

(三)老子的认识论

老子的认识论系统而有重点,极其完备。"无为","以辅万物之自然而不敢为",是根本准则。任何行为都应按客观规律办事而不能主观妄为。万物的自然是主体,无论任何事情都必发挥自然的作用,人只能仿效遵循以辅助之而已。以这个总的准则为指导进行活动乃能成功。现分述如下:

1. 以客观世界为"法"

这是老子认识论的基本方法。老子说:"有物混成,先天地生,寂兮寥兮,独立不改,周行而不殆。""人法地,地法天,天法道,道法自然。"(二十五章)就是讲的这个原理。

老子认为世界是物质的,客观存在,不因人的意志而改变,运动变化,永不停歇。正因为如此,客观世界,人们赖以生存于其间的唯一客体,就成为主体认识的唯一对象,人们必须以之为"法"。老子在这里讲的"地",就是指的客观世界,人是生存于地上这个客观世界的。老子是以客观世界为"法"的典范。

他的"道",就是从客观世界,天地万物的分类归属演绎得出的。天地万物是生物和无生物;生物和无生物都是物,一定的物种,无不可称道为一定的物类。从名学定义来说,就是一定的名可放在另一个更广泛的名里,叫做“名可名”,“有名”,“有”。唯“物”已无更广泛的名可以称道了,是无更广泛的名可称道的物类,是最高的物类,即物质,叫做“无名”,“无”,名之曰“道”。如此看来,天地万物,都可称道为物,称道为“道”,这是世界的统一性。

老子说:“譬道之在天下,犹江海之与川谷。”这里以“江海”喻“道”,以“川谷”喻“天下”,也是取象于“地”的。

老子最善于从客观世界的常理揭示出重大的哲学原理。他说:“躁胜寒,静胜热,清静为,天下正。”“寒”、“热”和不胜“寒”、“热”,这是一定条件下的事物的本性;“躁”、“静”则是克服“寒”、“热”和不胜“寒”、“热”的事物本性的新的条件,这是常理。老子从此出发,认为天下事物都冷静地遵循事物的本性和常理,则无不可办好。显然,这是唯物论认识论的基本原理之一。

在老子的哲学范畴中,“道”不仅是物质本原、世界存在,也是其规律。因为物质和运动是不可分的,而运动则必取一定的规律。老子取法于农民,他说:“道生之,德畜之,长之育之,亭之毒之,养之覆之。”就是说办事情要遵循“道”,积累经验,如种庄稼,生长发育,结果成熟,培养保护,这是一点也不能违背其本性的。阐明了遵循“道”的重要性。如果懂得遵循“道”,就是“治大国”,亦“若烹小鲜”矣。“烹小鲜”,要掌握火候,两面挠之,早则碎,晚则焦,其间也有一个规律。

如此看来,人是认识的主体,客观世界是认识的唯一对象。这就要求解决好主体和对象的关系问题。认识是主体对于客体的认识,是主体关于客体的知识。认识依赖于主体,依赖于主体的主观能动性,在怎样认识这一点上,主体是主要的决定性的东西。知识则是客观的,来源于客体,正如马克思所说:“观念的东西不外是移入人的头脑并在人的头脑中改造过的物质的东西而已。”(马克思《资本论》)在取得怎样的认识这一点上,客体就是主要的决定性的东西了。以客观世界为“法”,包括了主体怎样认识和取得怎样的认识这样两个方面的义蕴。老子正是从此出发,从日常生活之事,从客观世界引出概念、范畴和规律,就是取譬喻理,亦无不如此,从此建立其哲学体系。其他认识论的诸多原理,多是从这个基本原理派生出来的。

2. 客观地观察事物

老子认为以客观世界为“法”,必须客观地观察事物,提出以身、家、乡、国、天下,观身、家、乡、国、天下的原理。老子说:“以身观身,以家观家,以乡观乡,以国观国,以天下观天下。吾何以知天下之然哉？以此。”(五十四章)

这就是说要从身、家、乡、国、天下的实际情况出发,找出规律,应用于“治”。这种规律要是固有的而不是臆造的,要凭客观存在的事实,而不是主观想象,不能带上主观随意性。

老子认为对于个人的事情做到这一点,他的经验就真实(修之于身,其德乃真);对于一家的事情做到这一点,他的经验就有余(修之于家,其德乃余);对于一乡的事情做到这一点,他的经验就更长(修之于乡,其德乃长);对于一国的事情做到这一点,他的经验就丰富(修之于邦,其德乃丰);对于天下的事情做到这一点,他的经验就普遍(修之于天下,其德乃普)(五十四章)。严格从情况出发,引出思想。

老子的“德”,不是一个伦理范畴,而是一个认识论的范畴,这就是经验。卜辞中有德字,作“徝”,也有“得”字。《释名·释言语》说:“德,得也,得事宜也。”指得到一种处事之宜的认识。《商书·太甲》:“咸有一德。”其“德”字,义正同。则“德”在古代原来还是经验的意思。老子“贵德”(五十一章),是重视积累经验。

老子认为认识来源于经验,理论的东西不过是经验的更高的概括和总结,是不能脱离经验的。所以老子把理论包括在经验(德)范畴之内,称之为“上德”。这说明老子是反对唯理论的。

然而老子懂得经验的局限性。他说:“上德不德,是以有德;下德不失德,是以无德。上德无为而无不为,下德为之而有以为。”(三十八章)就是说有普遍性经验的人不局限于自己的经验,因此算得有经验;有局部性经验的人局限于自己的经验,因此算不得有经验。有普遍性经验的人顺应自然办事而不带上主观随意性就没有办不好的事,有局部性经验的人按照自己的经验办事就有办不好的事。这是说得很清楚的。

重视经验的积累(贵德)而反对经验论,尊重理论(尊道)的作用而反对唯理论,这就是经验和理论之间的辩证法。

这表明老子对感性认识和理性认识,即经验和理论的关系,已接触到了理性认识依赖于感性认识,感性认识有待于发展到理性认识这个认识深化运动的真理。

3. 适应矛盾不带上主观随意性

老子的“无为”是一个处事的原理,是属于认识论的范畴,它是老子认识论的核心。

老子从他的世界观出发,认为世间一切事物,有美就有丑,有善就有恶,有有就有无,有难就有易,有长就有短,有高就有下,有音就有声,有前就有后,无不包含着矛盾。那么,我们看问题,办事情,所谓“处事”,就必须顺应自然,承认和适应矛盾,而不能带上主观随意性，这就是所谓“无为”。这就是也才是“无为”的实质。这就是也才是“无为”的本来意义。“无为”是不能简单地从字面意义上来理解的。

老子用日常生动的事例，反复地阐明了这一点。

老子说：“天门开阖。”（十章）这就是说譬如出门，就得开门，开门就得后退一步，然后出去，不能一直往前走。不开门一直往前走，就会碰壁。自然的对立变化，无不如此。

天下最柔弱的东西能克服最坚硬的东西，不可见的东西能进入无隙的空间，世界上有这种相反的情况。柔者必柔，坚者必坚，不可见就不存在，无间就不能入，这是一种形而上学的见解。

人们办事要实事求是，完全适应事物的本性，循序渐进。逆万物之自然而为，就会碰壁，执迷地干下去一定跌跤。

这是老子对“无为”论的确切的诠释。

老子的“道常无为而无不为”（三十七章），“道”在这里是“为道”的意思，不是说的“天道”，不是说的“天道自然无为”。它清楚的是侯王应该遵守的“处事”之“道”。“处事”总得按照“无为”之“道”，即“处无为之事”（二章），是不能附会于“天道”的属性的。

“天道自然无为”，这是庄周的思想。“天不产而万物化，地不长而万物育。”（《庄子·天道》）“天地无为也而无不为也。”（《庄子·至乐》）庄周确是如此。这就把“无为”引向了“枯坐拱手而化行若驰”（魏源《老子本义·跋老子本谊》）的神秘主义了。这是庄周的篡改。

老子的“无为”，完全不是这个意思。

老子的“无为”包括认识必然性和取得自由两个方面的义

蕴。老子有时叫“无为”，有时叫“处无为之事”，“为无为”，是有区别之意，而统称之曰“无为”。物自在，物自然，这是事物的本性。如瓜熟蒂落，水到渠成，这是必然，这是无为。顺应物自在，“辅万物之自然”，利用事物的本性、必然性，这是自由，这是“为无为”，“处无为之事。”

“合抱之木，生于毫末”，这是必然性，这是无为。“长之育之，亭之毒之，养之覆之”，这是顺应物性，“辅自然”，这是自由，这是“为无为”。

“躁胜寒，静胜热”，这是自然，这是无为；“躁之胜寒，静之胜热”，这是适应自然，这是“为无为”，这是自由。

“物或行或随”、“或强或羸”，这是物自在，这是无为的必然性；因之而“或嘘或吹”、“或挫或隳”，这就是“以奇用兵”的自由，而且是“为无为”的。

等等，等等。

黄老学派和先秦法家对老子的“无为”有着正确的理解，是完全符合老子的本来意义的。

宋钘说：“无为之道，因也”，“因也者，舍己而以物为法者也”（《管子·心术上》）。就是说“无为”在于适应，适应在于不带上主观随意性而以事物本身为法则。

荀况说：“仁者之行道也，无为也。”（《荀子·解蔽》）“大巧在所不为，大智在所不虑。所志于天者，已其见象之可以期者矣。”（《荀子·天论》）就是说人们办事应当按照“无为”的原则。那么，什么叫做“无为”呢？在荀况看来，“大巧”在于不凭热情一味蛮干，“大智”在于不无根据地胡思乱想。对于客观事物的要求，只应是根据其已见现象预期的结果罢了。

认识的主观能动性，应解决主体怎样认识的问题；知识的客观性,则要求不掺杂一星半点主观的反思。荀况说:“天行有常……应之以治则吉,应之以乱则凶”,“不为而成,不求而得,夫是之谓天职。如是者,虽深,其人不加虑焉;虽大,不加能焉;虽精,不加察焉。夫是之谓不与天争职。天有其时,地有其财,人有其治,夫是之谓能参”(《荀子·天论》)。对于“天行”,对于支配客观事物运动的规律,致其知、参其治而已,这就是所谓的“无为”。

如此看来,“无为”的实质,就是要凭客观存在的事实,引出其固有的道理,应用于自己的行动,反对主观主义,如此而已。

不言而喻,这是唯物论的认识论,这是唯物论认识论的核心和精髓。那种把“无为”理解为是“反对任何作为”的见解,从字面取义而遗其实质,是差之毫厘而谬以千里了。

4.保持谦虚的胸怀

老子认为要认识“道”,必须保持谦虚的胸怀,提出“谷神不死”(六章)的思想。

“谷”,即“旷兮其若谷”(十五章)、“为天下谿”(二十八章)的“谷”;“谷神”,就是虚怀若谷的精神,虚怀若谷,取其可以纳物也,指一种谦虚的胸怀。

老子说。“谷神不死,是谓玄牝。玄牝之门,是谓天地根。绵绵若存,用之不勤。”

“玄”,有深远义。老子说:“玄德深矣,远矣,与物反矣。”(六十五章)深远,就是关于“玄”的诠释。讲的是事物隐藏于现象深处、远处的本质,即事理。这里用作“牝”的动定词,就有着深入事物里面,穷其极致,取得本质认识的意思。“牝”,母,表示事物的根本,指主体认识客体的一种心境、态度和作风。

薛蕙云:“老子书大抵用韵,故其遗词多变文以叶韵。”(转引自朱谦之《老子校释》)“玄牝之门,是谓天地根”,是玄牝是谓天地根之门的变文,与一章“玄之又玄,众妙之门”意义相属。薛蕙把“玄牝之门”视为“玄牝”的衍词,其变实不在此。

这就是说保持谦虚的胸怀是从事研究、做学问的根本,是认识天地本原的门径。若能不断地保持之,用处无穷尽。

这是老子认为人有认识的能力,是能够“知常”的。为了取得客观事物的真知,保持认识的本性,解决好主体自身的问题,必须有一个好的思想基础、心境、态度和作风。

要防止思想僵化,所以强调“致柔”(十章);要防止逞雄、逞强,所以强调“守雌”(二十八章)。

要防止“亲”、“疏”、“利”、“害”、“贵”,“贱”等私欲的影响(五十六章),所以强调“朴”(二十八章)。

要防止专横跋扈,个人说了算,所以强调“慈”(六十七章)。

众所周知,婴儿的头脑是一张白纸,是最淳朴不过的。老子以此作为标准,要求人们“如婴儿之未孩”(二十章),“比之赤子”(五十五章),正是从认识论出发的。

老子反对“持盈”、“揣锐”(九章),自我满足,锋芒毕露;反对“益生”、“使气”(五十五章),贪求享受,意气用事;反对只看到自己(自见),自以为是(自是),自我吹嘘(自伐),矜持自大(自矜)(二十四章),这都是要不得的。

主张“大成若缺”,“大盈若冲”,“大直若屈”,“大巧若拙”,“大辩若讷”(四十五章),“虽有荣观,燕处超然”,“重为轻根,静为躁君”(二十六章),事事采取慎重冷静的态度,克服轻心和急躁。此所以宋、尹“别宥”(《庄子·天下》曰:宋钘、尹文“接万物以别宥为始”。“宥”通“囿”。蒋锡昌说:“凡有所隔蔽而不能全见者曰‘囿’。‘宥’乃指各人智识上有所隔蔽而言。

‘别宥’之义，与《荀子》‘解蔽’，《吕氏春秋》‘去宥’并同。‘接万物以别宥为始’者，谓欲接近万物而识其真相，须以去蔽为始也”)，荀况“解蔽”(《荀子》有《解蔽》篇)，都主张摒去主观成见，采取纯粹客观的态度，正是老子思想的继承发挥。

5. 以百姓意见为意见

老子认为必须听取百姓意见，向没有文化而有实际经验的人学习，提出“和”的原理(五十五章)。这是老子思想的伟大和宝贵之处。

老子基于他的唯物论的深刻的认识，不承认天生的“圣”、“智”(十九章)，认为“前识者”，即今之所谓“先验论”，是认识的虚华(三十八章)。主张办事情要“慎终如始”，求知识要脚踏实地。“学不学，复众人之所过”(六十四章)，要向没有文化而有实际经验的人学习，走众人实际上走过的认识道路。

老子说：“圣人常无心，以百姓心为心。善者吾善之，不善者吾亦善之，德(得)善。信者吾信之，不信者吾亦信之，德(得)信。”(四十九章)

这里的“善之”、“信之”，是点头表示听着的意思。虚心体察情况的人，类皆如此。

这就是说遇事不要有主观成见，以百姓意见为意见。对的我听着，不对的我也听着，便于得到正确的；有根据的我听着，没有根据的我也听着，便于得到有根据的。这一论述是多么亲切。为了做到这一点，老子认为“在天下”为人，要有所收敛，不能放肆，叫做“歙歙”；“为天下”办事，要先听听，不能自居高明，叫做“浑其心”(四十九章)。总之，叫做“和”(五十五章)，老子认为这是最重要的。

因为客体知识深远，主体认识有蔽，主体对于客体的认识，必须“以百姓心为心”，以发挥群体作用，排除所蔽，庶可以致知参治也。

6. 分析

老子认为对事物要善于分析，提出“损”的原理。

老子说：“为学日益，为道日损。损之又损，以至于无为。无为而无不为。”（四十八章）

就是说从事学习，天天上进；从事研究，天天分析概括，分析再分析，达到不掺杂一点主观的反思。不掺杂一点主观的反思，符合事实，就什么事情都做得好。为什么把“损”理解为分析呢？“损”同“为道”联系起来，是可以看出的。因为分析“就必须经过思考作用，将丰富的感觉材料加以去粗取精、去伪存真、由此及彼、由表及里的改造制作功夫，造成概念和理论的系统，就必须从感性认识跃进到理性认识”（毛泽东《实践论》）。就“去粗取精、去伪存真”说是“损”。老子有时还叫“啬”（五十九章），也是分析的意思。

老子非常重视这个问题，认为对于任何事物都应取分析的态度。他说：“治人事天莫若啬。”（五十九章）就是说搞政治、从事自然工作没有比取分析的态度更好的了，搞政治、从事自然工作包括了社会科学和自然科学的一切领域.

为什么把“啬”也理解为分析呢？“啬”同“治人”、“事天”联系起来，是可以看出的。因为分析是从丰富的感觉材料，抓住它的实质，是“丰富的感觉材料”的对举，实质较之现象则“啬”矣，故曰“啬”。老子有时还叫“俭”（六十七章），也是分析的意思。

老子非常重视这个问题。因为“道者万物之奥”（六十二章），是需要“挫其锐，解其纷”（四章）的。事物的本质和规律，藏于现象的深处远处，老子说："玄德深矣，远矣，与物反矣。"（六十五章）只有通过分析，去掉锐露的表现和假象，才可能从分散和无系统中解脱出来。

老子说："涤除玄览，能无疵乎？"（十章）就是说清理分析深入所见的现象，抓住本质，能不掺杂一点主观反思的瑕疵吗？两眼所见，全是现象，是不能不分析的。

老子说："信言不美，美言不信；善者不辩，辩者不善；知者不博，博者不知。"（八十一章）就是说有根据的话不一定好听，好听的话不一定有根据。善听的人不主观地反辩，主观地反辩的不善听。懂得这个道理的人抓着本质，迷于现象的人不知此理。两耳所听，亦多是现象，是不能不分析的。"博"，在这里指丰富的感觉材料，即现象。"不博"，就是事物的本质，实质。

7. 把握事物的质和从一种质态向着另一种质态的转变

"中"是讲的把握事物的质和从一种质态向着另一种质态的转变。

事物的质是事物运动在其对立统一时的规定性。老子说："万物负阴而抱阳，冲气以为和。"（四十二章）就是说事物无不包含着阴阳对立，相互消长。"阴阳适均而不偏胜"，就表现为事物的一定的性质。这是事物矛盾特别是主要矛盾方面所规定的性质。事物在这个时候，表现为一种相对的稳定的状态，只有量变，没有质变。当量变不断积累，达到了某一个最高点，表现为一种显著的变动的状态，统一物乃分解，阴阳对立，重新组合，引起质变，旧事物就死亡，新事物就生成。老子讲的"中"是包括既肯定事物在相对的稳定时的质态，又肯定事物在显著的变动时从一种质态向着另一种质态的转变的，这就是肯定事物的变化。老子说："天地不仁，以万物为刍狗。圣人不仁，以百姓为刍狗。”(五章)就是这一思想的取象和比喻。

“百姓”,古代对贵族的总称。《诗·小雅·天保》:“群黎百姓。”郑玄笺:“百姓,百官族姓也。”《国语·楚语下》:“民之彻官百。王公之子弟之质能言能听彻其官者,而物赐之姓,以监其官,是为百姓。”战国以后用为平民的通称。《墨子·辞过》:“当今之主……必厚作敛于百姓,暴夺民衣食之财。”

“刍狗”是草扎成的狗,古代祭祀所用。《庄子·天运》说:“夫刍狗之未陈也,盛以箧衍,巾以文绣,尸祝齐(斋)戒以将之;及其已陈也,行者践其首脊,苏者取而爨之而已。”

那么,天地任自然,对待万物有如刍狗。圣人任自然,对待百官族姓有如刍狗。其义何在呢?这包含着对于前质状态的肯定和对于前质状态的否定这样两个认识,是事物之所以变化和肯定事物的变化的。

当“刍狗”之未陈也,是现实之物,则“盛以箧衍,巾以文绣,尸祝齐(斋)戒以将之”,这是对于事物一种质态的肯定;“及其已陈也”,成了过时之物,则“行者践其首脊,苏者取而爨之而已”,就是对于事物一种质态的否定,也就是对于新事物的肯定了。

在老子看来,天地之间,岂不像个风箱吗?空虚而不穷竭,氤氲流行而生生不息。这就是说事物的变化是绝对的,其质的稳定性是相对的,暂时的。因此,仍喋喋不休地执著于一种见解,“刍狗”之既陈也。仍然“齐(斋)戒以将之”,禁止“行者践”、“苏者取而爨”,汲汲于不可为而为之,那是注定要碰壁的。“荡然任自然”,“弃己任物”,把握事物的本质,把握事物从一种质态向着另一种质态的转变,“权度精切不差”,“取一个恰好处”,是乃所谓“中”也,是乃所谓“守中”也。

孔子在肯定事物的质的规定性这一点上，同老子一致，渊源于老子，而有所发挥，提出了“中庸”思想。但又同老子相区别，只肯定事物的旧质状态而反对向新质状态的转变。这表现了孔子的保守思想。

孔子把“中庸”思想提到极高的地位。孔子说：“中庸其至矣乎，民鲜能久矣。”（《中庸》第三章）“道之不行也，我知之矣：知者过之，愚者不及也。道之不明也，我知之矣：贤者过之，不肖者不及也。”（《中庸》第四章）这就是说“过”与“不及”，皆非“中庸”。孔子举例说：“舜好问而好察迩言……执其两端，用其中于民。”（《中庸》第六章）“过”与“不及”就是“两端”。朱熹阐释说：“两端，谓众论不同之极致。盖凡物皆有两端，如小大厚薄之类，于善之中又执其两端，而量度以取中，然后用之，则其择之审而行之至矣。然非在我之权度精切不差，何以与此？此知之所以无过不及，而道之所以行也。”（朱熹《四书章句集注》）

事物的运动从量上表现为一定的质，把握其一定的量，乃能把握其质。“不同之极致”，就是过此量，不及此量，皆非此质，而为别的一质了。名家叫做“物以物其所物而不过焉，实也；实以实其所实而不旷焉，位也”（《公孙龙子·名实论》）。要求“不过”、“不旷”，也就是不要偏离这个质。

今之学者多把“中庸”简单地看成是折中主义，这是不对的。朱熹说：“‘执其两端，用其中于民’，非谓只于二者之间取中。当厚而厚，即厚上是中；当薄而薄，即薄上是中。轻重亦然。”“此句只是将两端来量度取一个恰好处。”“择其说之是者而用之，是乃所谓中也。”（《朱子语类》卷六十三）惟其决定质之量之所在而已，这就是“中庸”，老子叫做“守中”。显然，这是辩证的思维方法的成分或因素之一。

然而孔子是站在保持事物的旧质状态不变的立场。他生活在“王道缺，礼乐衰”（太史公语），即奴隶制崩溃和封建制兴起的革命大变动的时代，“修旧起废”（同上），力图保持奴隶制的旧质状态，使之不变，对于人民的革命行动，则斥之为“反中庸”。孔子说：“君子中庸，小人反中庸。君子之中庸也，君子而时中；小人之反中庸也，小人而无忌惮也。”（《中庸》第二章）这表现了孔子在政治上的保守性。“中庸”在这里，就成了阻止旧质状态向新质状态转变的凝固的思想方法，也就成了形而上学的东西。

老子则不然。他顺应自然，“以万物为刍狗”，当事物在其相对的稳定状态时，则肯定它；当事物从旧质状态向新质状态转变时，则否定旧事物而肯定新事物。因而老子总是站在人民的立场。老子说：“圣人常无心，以百姓心为心。善者吾善之，不善者吾亦善之，德善。信者吾信之，不信者吾亦信之，德信。圣人在天下，歙歙焉，为天下浑其心。百姓皆注其耳目，圣人皆孩之。”（四十九章）对于百姓是多么信赖和尊重呢！

由此可见，老子的“守中”思想是辩证法的，孔子的“中庸”思想源于“守中”，主张无“过”与“不及”，是老子思想的发挥，有辩证的因素，但否定变化，把质的规定性绝对化，阻止事物从旧质状态向新质状态的转变，就是反辩证的东西了。

8. 使行动合于外界规律

经过分析，从量的关系上无“过”与“不及”地把握了事物的质，认识了事物的规律性，老子认为必须使行动与之相合，叫做“知常容”。如果不合，轻举妄动，就不免碰壁，叫做“妄作凶”。（十六章）

老子说：“善建者不拔，善抱者不脱”（五十四章），“道常无为而无不为。侯王若能守之,万物将自化”(三十七章)。就是说善于建立事业的人坚定不移,善于使思想合于客观外界规律的人适应不脱。办事情总要适合矛盾而不带上主观随意性就没有不成功的。人若能遵守这个原则,什么事情都办得好,讲的都是这个问题。

老子指出,分析在于找出规律,应用于行动,叫做“夫唯啬,是谓早服”(五十九章)。

韩非解释说:“啬之者,爱其精神,啬其智识也。”又说:“众人之用神也躁,躁则多费,多费之谓侈。圣人之用神也静,静则少费,少费之谓啬。”(《韩非子·解老》)可见,韩非这一解释是着眼于“众人”与“圣人”“用神”的比较来说的。众人用神躁,不虚心,存有成见私欲,极其聪明,尽其知识,不能得道理,故曰“多费”。“圣人”用神静,虚心,不存成见私欲,反而得道理,故曰“少费”。这是符合认识的实际的。然而这里讲的只是认识心境的影响,还未进入实际的认识阶段。所以韩非进一步说:“啬之谓术也,生于道理。夫能啬也,是从于道而服于理者也。众人离于患,陷于祸,犹未知退而不服从道理。圣人虽未见祸患之形,虚无服从于道理。”(《韩非子·解老》)这就把“啬”从“用神”的心境进而推及到实际的认识阶段了。

“啬之谓术”,还在于找出事物的道理而服从之,而且还在于“未见祸患之形”就能找出道理而服从之。道理藏于事物现象的深处、远处,要“玄之又玄”,“损之又损”,“将丰富的感觉材料加以去粗取精、去伪存真、由此及彼、由表及里的改造制作工夫,造成概念和理论的系统”(毛泽东《实践论》),乃能出之。“众人之用神也躁”,其于分析,每为“丰富的感觉材料”所迷惑,故“多费”而不得道理;“圣人之用神也静”,其于分析,则每

“把它的现象只看作入门的向导,一进了门就要抓住它的实质”(毛泽东《星星之火,可以燎原》),故“少费”而得。可见“啬”在这个阶段,就有着对于现象的去取,产生了概念、判断和推理,这就是分析。事物的现象锐露而纷乱,表现丰富;事物的本质深远而恍惚,表现朴素。唯有周密的分析,乃能出之。这就是“啬”之所谓术也。

9. 注意处理人的关系,注意事情的可能性和时机

在应用规律于行动时,老子认为必须注意处理人的关系。作为一定社会的人,总是处于一定的关系之中。人们在办事时,首先得处理这些关系。否则,人们就不能开展工作。

老子说:“居善地,心善渊,与善仁,言善信。”(八章)“居善地”是讲的做人,持身要善于选择地位。“持而盈之,不如其已;揣而锐之,不可长保。”(九章)“自见者不明,自视者不彰,自伐者无功,自矜者不长。”(二十四章)“心善渊”是讲的虑事要深远。“玄德深矣,远矣,与物反矣。”(六十五章)“故常无,欲以观其妙;常有,欲以观其徼。”“玄之又玄,众妙之门。”(一章)“与善仁”是讲的与人议事要谦和。“仁”,也就是谦和的意思。“知和曰常,知常曰明。益生曰祥,心使气曰强。”(五十五章)“言善信”是讲的众论要兼听。“圣人无常心,以百姓心为心。善者吾善之,不善者吾亦善之,德善。信者吾信之,不信者吾亦信之,德信。”(四十九章)讲的都是处理这种关系时的必要态度。

老子在论述这种关系时,不仅谈到一般为人的风度,还谈到敌我关系中的情况和怎样用人。

老子说:“善为士者不武,善战者不怒,善胜敌者不与,善用人者为之下。”(六十八章)就是说善于做将帅的人不武断,善于

作战的人不受激怒，善于制胜敌人的人不必直接交锋，善于用人的人态度谦下。

人们的关系处理好了，还要适应事物的进程，注意行动的可能性和时机。

老子进一步论述说："政善治，事善能，动善时。夫唯不争，故无尤。"（八章）就是说为政要善于治理，办事要善于看取可能，行动要善于适合时机。正由于不超越"政"之"治"、"事"之"能"、"动"之"时"所许可的条件，不勉强地去做那些实在做不到的事情，所以就不犯错误。

这就是"不争"的实质，这正是"无为"意义的具体发挥。

10. 不自矜骄，继续保持淳朴

老子把事情办好后不要产生私欲当做认识论的最终的一个环节，提出"守辱"（二十八章）的原理。这是很值得重视的。

老子的"生而不有，为而不恃，长而不宰"（十章），是讲的一个人在取得行动的成功之后应抱的态度。由于认识正确，采取适合矛盾而不带上主观随意性的原则办事，即"处无为之事"，一定取得胜利。但是从认识论看来，因为胜利，事业发展，不应当据为己有，作了贡献，不应当居功骄傲，从此当官，也不应当个人说了算。

老子说："化而欲作，吾将镇之以无名之朴。"（三十七章）

就是说能把事情办好而私欲产生了，我将以无更广泛的名称道的朴素的"道"来要求他。

当人们的行动达到了预想的结果，"到了这种时候，人们对于在某一发展阶段内的某一客观过程的认识运动，算是完成了。然而对于过程的推移而言，人们的认识运动是没有完成的。任何过程，不论是属于自然界的和属于社会的，由于内部的矛盾和斗争,都是向前推移向前发展的,人们的认识运动也应跟着推移和发展。”(毛泽东《实践论》)这一阶段认识运动的结束,是另一阶段认识运动的开始,仍须虚静淳朴,保持认识的本性。居功骄傲,有恃无恐,自以为了不得,就谈不上认识的推移和发展了。

根据以上所述,所有这些原理对于认识论都是重要的。其中老子更着重三个要点。

老子说:“我有三宝,持而保之:一曰慈,二曰俭,三曰不敢为天下先。”(六十七章)

这是对“守雌”、“守黑”和“守辱”(二十八章)的进一步发挥。

“慈”是“守雌”的表现,一种慈祥仁爱的态度。其实,就是谦逊。它是虚伪和骄傲的反面,是认识论所决定的、需要的。“守黑”是不自居高明,先听,不轻易表态。因为思想上还有一个酝酿分析的过程。老子把对这一过程的必要态度,称之为“混兮其若浊”(十五章)、“浑其心”(四十九章),故曰“守黑”。

在这里,老子也把分析概括的原理归纳在这个要点内,叫做“俭”。因为分析是从丰富的感性材料中抓住它的实质,是“丰富”的对举,故曰“俭”。

“不敢为天下先”是“守辱”的表现,一种不主观武断,个人说了算的守则。其实,就是不“先物行、先理动”(《韩非子·解老》),不过早地主观下结论。这是人们取得一点成绩后最容易犯的毛病。“化而欲作”,沉溺于所得,自以为了不得,思想就僵化了。

韩非说,“万物莫不有规矩”(《韩非子·解老》),为了完全适应万物的“规矩”,是存在一个必要的甚至是艰巨的认识过程，是不敢先人下结论的。

综合来说，应以“无为”，“以辅万物之自然而不敢为”为根本准则。以客观世界为“法”（人法地），客观地观察事物（以身、家、乡、国、天下，观身、家、乡、国、天下），适合矛盾不带上主观随意性（无为），保持谦虚的胸怀（谷神不死），以百姓意见为意见（以百姓心为心），对事物取分析态度（为道日损），“无过与不及”，恰如其分（守中），由特殊到一般，又由一般到特殊（既知其子，复守其母；既得其母，以知其子），穷局部以知全体（曲则全），使行动合于外界规律（知常容），注意处理人的关系，注意事情的可能性和时机（与善仁，事善能，动善时），不自矜骄，继续保持淳朴（果而勿矜，复归于朴），其中又特别强调谦逊（慈）、听取百姓意见加以分析（俭）、不过早地主观下结论（不敢为天下先）三个要点（三宝），根本准则（式）在于使思想合于客观外界的规律性（载营魄抱一），目的在于“有为”，把事情办好，在于“无不为”，永远立于不败之地。这就是老子的全部的认识论。

老子这一认识论是同他的朴素的唯物论和自发的辩证法相结合的。按照中国古代哲学的概念，前者是“用”，后者是“体”。前者是从后者生发出来的枝叶和流水，后者是根本和源泉，从而构成他的严谨的、符合科学的哲学体系。

这就是老子哲学思想的基本内容。

三　中国古典道学体系论证的方法

中国古典道学，其内容就是中国老子哲学思想的基本内容。

哲学是研究世界观和认识论的,世界观还包括方法论。认识论则是从世界观和方法论引申出来的。按照中国古典哲学的“体”“用”观,世界观和方法论是“体”,认识论是“用”。因此,就整体来说,哲学可以说是最一般的方法论。

黑格尔说:“方法就是关于自己内容的内部自己运动的形式的意识”,“(方法不是某种跟自己的对象和内容不同的东西),因为把自己推向前进的,是自己内部的内容,是内容自身具有的辩证法”。(引自列宁《哲学笔记》)黑格尔在这里讲的是世界观和方法论的一致。

无疑老子哲学提供了最一般的方法论,这就是老子的唯物论、辩证法和认识论。

然而任何哲学在解决世界观和认识论时,都有它自己的论证方法,哲学是受它的方法论制约的。因此,哲学论证的方法,也应该成为哲学家哲学体系的组成部分之一。

老子的唯物论提出了本体论(Ontology)和世界生成论(Cosmogony);老子的辩证法提出了矛盾学说和宇宙的根本规律;老子的认识论提出了著名的“无为”原理和“辅万物之自然而不敢为”的认识论的根本准则。那么,老子是怎样作出这些论证的呢?我们在讨论老子哲学的基本内容时是已经有所涉及了,这里作一个独立的阐述。

(一)关于本体论的论证

老子认为天下万物有一个统一的本原,这就是“道”,这就是最高的物类,即物质。老子是从逻辑对世界的认识得出这个结论的。

从逻辑的观点来看,天下万物,无不可把名放在另一个更广泛的名里来称道,此“道可道”、“名可名”也。这是人们重复着亿万次的一个基本事实,老子就是从此出发进行论证的。

长沙马王堆汉墓出土的帛书《老子》甲本附录《伊尹·九主》说:“天企(法)无[名],复生万物,生物,不物,莫不以名,不可为二名,此天企(法)也。”(《文物》1974年第11期)“天企(法)”就是“道”。这就是说“道”产生万物,生物和无生物(不物)。万物是生物和无生物;生物和无生物是物,无不可给以更广泛的名。唯物,是广泛已极的名,“不可为二名”,“无名”,是最高的物类,即物质。这正是从“道可道”、“名可名”这一基本名学定义的推导和辩证的归纳得出“道”的认识的。这是“无名,万物之始也”在古代的确切解释。

黑格尔说:“如果抽去某物的一切规定,一切形式,那末,剩下的就是无规定的物质。物质是某种纯粹抽象的东西。(——物质是不能看见、不能触觉到的,等等……)”(引自列宁《哲学笔记》)老子叫做“道”,这就是老子的本体论。

“名可名”,就是说一定的名可放在另一个更广泛的名里。这是逻辑定义的典型格式。这就是说物从其类,一定的物种无不可归属于一个定的物类。例如,当我下定义说“白马是马”时,我是把“白马”这个特定的物种归属于更广泛的物类。在这里,有白马不可说无马,是抽掉了白色这一现象说的。其所以能如此,是仅指一般的马为有马而不是以特定的白马为有马的。马还可以抽象,还“可名”,还有归属,如此类推,达于极致,乃得到最高的物类。这是一种逻辑归纳的方法,确切地说是逻辑定义公式的开展和归纳。从认识论说,就是思维从具体的东西上升到抽象的东西,即从生动的直观到抽象的思维,如此而已。

从此,“有名”、“有”,“无名”、“无”以及“玄”、“玄之又玄”的真实义蕴,也就明白了。一定的名可放在另一个更广泛的名里,叫做“有名”,“有”,这是第一层面的“玄”;一定的名无更广泛的名可以放入了,叫做“无名”,“无”,这是最高层面的“玄”。从第一层面到最高层面的这种思维的判断和推理,就叫做“玄之又玄”。老子还叫做“绳绳不可名”(十四章)。那么,“玄”显然就是抽象的思维。“玄之又玄”就是从个别到一般的推理的转化和连续。显然,这就是科学的抽象,物质的抽象了。如黑格尔所说,方法既然是自己内部的内容,是内容自己所具有的辩证法,那么,这种反思的思维就是客观物质运动自身的反映。因此,老子从他的本体论就自然地顺演得出“天下万物生于有,有生于无”的这一世界起源和一般进化的结论。这就是说天下万物产生于有更广泛的名所称道的物类,有更广泛的名所称道的物类产生于无更广泛的名所称道的最高的物类。就一般序列来说,就是由最高的物类,物质到无生物、生物和人类,乃形成我们当今的和包括我们在内的这个客观的物质世界。显然这就是世界生成论。这是反思的内容的成果。长沙马王堆汉墓出土的帛书古佚书四篇,可能就是《汉书·艺文志》里的《黄帝四经》,其中《经法·道法》说:“反索之无刑(形)”,“唯执道者能上明于天之反”。大体上是继承老子而加以发挥的,讲的正是这个方法。

(二)关于矛盾学说的论证

老子说:“万物负阴而抱阳。”应该说,这是他的矛盾学说的基本命题。老子是从矛盾的普遍性观察得出这个结论的。

老子说:“天下皆知美之为美,斯恶已;皆知善之为善,斯不善已。有无相生,难易相成,长短相形,高下相倾,音声相和,前后相随。”世间一切事物无不包含着矛盾,相反相成,各以自己的对立面作为存在的前提。“物无非彼,物无非是。自彼则不见,自是则知之。故曰:彼出于是,是亦因彼。彼是方生之说也。”(《庄子·齐物论》)矛盾是事物的根本属性。

事物的运动是由矛盾的斗争产生的。矛盾的斗争,在老子看来,都由静态经过动态,得到解决,组成新矛盾,又回到静态。事物在相对静止的阶段,老子叫做“归根曰静”,是“冲气以为和”的。吴澄说:“和,谓阴阳适均而不偏胜。”这就是说“正”、“善”之所以为“正”、为“善”,是由于“奇”、“妖”的存在,反过来说,也是如此,这是一对矛盾。因此,矛盾双方各自从对立面来认识自身就显得更重要。列宁说:“辩证的东西‘在对立面的统一中把握对立面’……”(列宁《哲学笔证》)从“正”、“善”来说,首先承认和肯定“奇”、“妖”的存在,与之冲融、和合、协调,与之相适应,措置得当,乃可以表现“正”、“善”的质的稳定性,就更能使“正”、“善”自身臻于完美,达到理想的境界。而一旦破坏了这种稳定性,事物就从静态发展为动态。老子说:“躁胜寒,静胜热。”“寒”、“热”和不胜“寒”、“热”,这是事物在一定条件下的本性;“躁”、“静”是克服“寒”、“热”和不胜“寒”、“热”的事物本性的新的条件,矛盾双方就各因一定的条件向着相反的方面转化了去,则“正复为奇”、“善复为妖”矣。故曰:“反者,道之动。”这是一种普遍规律,这是宇宙的根本规律在古代的规定,这是事物的本性。老子善于从事物的本性揭示出唯物论的哲学原理。那种认为老子持无条件转化论的观点,是没有根据的。

老子关于事物运动在静态时表现为冲和,在动态时表现为质变,就导致转化,产生新事物的这一观点,是有着重要意义的。静态时的冲和,有利于新事物的蓄养、成长和完善。西汉前期在黄老学说指导下的"与民休息"的政治,是成功的史例。动态时质变,有利于对旧事物的变革、革新和扬弃。我国现代的民主革命和社会主义革命,是成功的史例。自然,这是在马克思主义指导下取得的。不可否认,这也证明老子哲学的普遍价值和生命力。而我们建国后在政策上的某些失误和在一个相当长的历史时期不顾生产力的实际水平不断提高生产关系的公有化水平,上层建筑部分与经济基础不相适应,导致经济发展停滞,难道不正是有失冲和的表现吗?

以上就是老子的矛盾学说。

在老子看来,这是一个根本规律。宇宙的发生和进化,正是按照这个规律展开的。如果说"天下万物生于有,有生于无"所表述的是宇宙由物质、无生物、生物、动物到人类及其社会发展的一个大序列,那么,"道生一,一生二,二生三,三生万物"所表述的就是宇宙进化的这一大序列自己内部的内容和这个内容自己所具有的辩证法。

从客观外界大量矛盾的观察引出原理,从自然过程外部必然性的观察引出规律,老子哲学论证的这一方法,在这里,它本身已经是辩证法。

(三)关于认识论体系的论证

老子从逻辑定义公式的推演和辩证归纳提出本体论和宇宙生成论,从客观外界矛盾普遍性的观察提出矛盾学说和宇宙根本规律,这就提出了根本的哲学范畴和概念。在这个基础上进行判断和推理,乃建立他的认识论的完整的体系。

“无为”,“能辅万物之自然而弗敢为”是老子认识论的根本准则或第一原理,这是从他的唯物论和辩证法引申出来的。从矛盾的普遍性提出“无为”原理;从存在着客观事物的运动,“万物之自然”,人的思想行为只能认识和适应这一运动提出“能辅万物之自然而弗敢为”的原理。

“德”是殷人的创造。卜辞中有德字,作“徝”,也有“得”字。《释名·释言语》说:“德,得也,得事宜也。”就是说德是得到,得到一种处事之宜。得到一种处事之宜,应该说,就是今语“经验”。老子继承殷人的古义,从哲学高度作了丰富和发展,认为要认识“万物之自然”,即客观事物的运动规律,只能靠“德”,靠经验。通过“德”,通过经验,认识“道”,乃能由乎“道”而辅佐适应之。

“上德不德,是以有德;下德不失德,是以无德。上德无为而无不为,下德为之而有不为。”(三十八章)就是说有普遍性经验的人不局限于自己的经验,因此算得有经验;有特殊性经验的人不离开自己的经验,因此算不得有经验。有普遍性经验的人适合矛盾而不带上主观随意性,就没有办不成的事。有特殊性经验的人按照自己的经验办事,就有办不好的事。

在这里,老子把理论包括在经验(德)范畴之内,称之为普遍性经验“上德”,认为认识来源于经验。理论的东西不过是高级的经验的东西,是经验的更高的概括和总结,是不能脱离经验的,故曰“上德”。可知老子是反对唯理论的。

然而老子懂得经验的局限性,在他看来,有特殊性经验的人不离开自己的经验,按照经验办事,就有办不好的事。可知是反对经验论的。

尊重理论的作用(尊道)而反对唯理论,重视经验的积累

(贵德)而反对经验论,这就是经验和理论之间的辩证法。

老子说:“天下有始,以为天下母。既得其母,以知其子;既知其子,复守其母。”(五十二章)“母”就是事物的一般和本原,“子”就是特殊和个别。在老子看来,通过经验(德),认识了许多不同事物的特殊的本质,还应进一步概括,“从有返无”,认识诸种事物的共同的本质。这就是由特殊到一般。“从有返无”,取得了“道”的认识,就应以这个共同的本质为指导,“自无生有”,继续向着尚未研究过的或者尚未深入地研究过的各种具体事物进行研究,找出其特殊的本质,以补充、丰富、发展对共同的本质的认识。这就是由一般到特殊。这就是由特殊到一般,又由一般到特殊的认识的两个过程的辩证的联结。

老子论证其哲学体系的方法,魏晋玄学家是注意到了的。王弼在其《老子指略》中说:“又其为文也,举终以证始,本始以尽终。”讲的就是这个问题。“终”,就是天地万物,就是个别;“始”,就是天地万物的本原,就是一般。“举终以证始”,就是从个别到一般的推理。“从有返无”的本体论和矛盾学说的论证,是这一方法的表现。“本始以尽终”,就是从一般到个别的推理。“自无生有”的宇宙生成论的论证,除一般论理的思维外,阐述了从一般到个别的推理向从个别到一般的推理的转化的方法。老子的这些论述,是包含着重要的方法论的义蕴的。

根据以上所述,老子从逻辑定义公式的演绎开始,主要找到了思维从个别到一般的推理和从一般到个别的推理的转化的方法;从客观外部必然性的观察引出概念、范畴和规律的方法以及一般逻辑判断和推理的方法,这就是老子哲学体系论证的基本方法。这同他的唯物论、辩证法和认识论是完全一致的。这也是人类认识的基本方法。

四　《老子》的直觉思维辨

著名学者辛冠洁先生认为，老子是以“直觉的静观方法，‘涤除玄览’……为天地万物找到了所以产生的总根据、所以存在的总根源。这就是‘道’，这就是‘无’”（为拙著《老子研究·序》）。人们的思想、精神是由物质转化产生的，其最初阶段就是“直觉”，西方哲人论之详矣。

现代国际国内学者习惯于把“世界各国伟大传统的精神和形而上学观念”看成是“古代象征性的直觉知识”。那是想把它同“现代基础科学用观察和实验方法获得的知识”区别开来。（《威尼斯宣言》）

西欧近代学者笛卡儿认为通过直觉即能发现作为推理起点的、无可怀疑而清晰明白的概念。斯宾诺莎则认为通过直觉才能使人认识到无限的实体或自然界的本质。莱布尼茨以为直觉是认识自明的理性真理（如 A = A）的能力。柏格森则从非理性主义出发，把直觉和理智对立起来，强调人的直觉和动物的本能类似，运用直觉即可直接把握宇宙的精神实质。这与中国古代的认识也是相同的。

直觉者非观察的直觉感觉，乃直接观察的知觉，已产生概念、判断和推理的过程，包括了认识运动的第一个飞跃。环渊发挥老子思想说：“涤除玄览，能无疵乎？”（十章）把深入观察所见，还要“涤除”一番，不能有一点主观的瑕疵。所以古代和近现代思维除实验方法以外，在本质上是相同的。否则，就无法说明春秋末年老子从常人认识客观事物的通则出发产生其高思辨水平的宇宙本体论和生成论的思想。

司马谈在其《论六家要旨》中说:“道家无为,又曰无不为,其实易行,其辞难知。”是深知其旨趣而文辞难以理解也。其文辞难以理解者,盖未谙人类逻辑定义普遍公式的提出,实由老子奠其基而环渊完成也,基于严密的逻辑推论而省却推论以结论出之,是以“其辞难知”也。识乎此,则其文辞清晰明白,其判断推理条贯连续矣。

老子提出“无名,天地之始”、“有名,万物之母”的概念(一章),认为观察客观事物“始制有名,名亦既有,夫亦将知止。知止可以不殆”(三十二章)。“知止”、“不殆”是说的止于所见,则不及于“道”在天下有如“小谷”之于“江海”(三十二章)。这是说“天下之物”皆来源于“道”而统一于“道”也。环渊概括为“道可道,非常道;名可名,非常名。无名,天地之始;有名,万物之母”(一章)。“名可名”,此人类逻辑定义之普通公式也。《伊尹·九主》说:“天企(法)无[名],复生万物,生物,不物,莫不以名,不可为二名,此天企(法)也。”“天企(法)”就是“道”,它反复产生万物,生物和无生物(不物)。万物是生物和无生物,生物和无生物是物,无不可给以更广泛的名。唯“物”是广泛已极的名,“不可为二名”,无名,是最高的物类,物,是抽出具体物的一切规定,一切形式的无任何规定的物质。故曰:“天下之物生于有,有生于无。”(四十章)“有”,有更广泛的名所反映的物类;“无”,无更广泛的名所反映的最高的物类。天下万物不正是生于有更广泛的名所反映的物类,生物和无生物吗?有更广泛的名所反映的物类,生物和无生物,不正是生于无更广泛的名所反映的最高物类,物,即物质吗?这与近现代的自然科学史、生物史、地球史和天体史,从总体观之,不是完全符合的吗?不是很清楚明白吗?

“德”，老子、环渊是按殷商古义使用的，是“得事宜”的经验，非指人的品德，也非事物的属性。作为哲学范畴，《辞海》诠释为“指具体事物从‘道’所得的特殊规律或特殊性质”。把认识论的范畴误为“道”赋予具体事物的属性，这是非常牵强，明显错误的。“自然为道，得道为德；自无生有，道也；从有返无，德也。”（明张洪阳《道德经注解》）“自无生有”，自然的创造行程，讲宇宙的生成；“从有返无”，人的溯源求索，讲对本质的认识。具体事物所具有的特殊规律或特殊性质，是世界生成的自然创造行程的体现，是“道”而非“德”。《管子·心术上》所谓“德者道之舍”，是指人的经验对客观事物规律或性质（“道”）的认识，“道”从而舍藏于经验。所以王弼说：“德者，得也……何以得德，由乎道也。”（王弼《老子注》）韩非说：“德者道之功。”（《韩非子·解老》）清楚地是指人的认识来说的，人在实践中取得了经验（德），也就是体悟得到了事物的规律或性质，于是做事乃成功。把人从客观事物所得到的主观认识看成是客观事物从“道”所得到的性质，其混淆，其日固久矣，不可不察也。

古人和今人的语言不同而思维则一，寻其坠绪，解其难知，正历史诠释只谬，恢复其本来面貌，则古今通而古为今用矣。

一言赋就，四韵琴操：

沈约不分还自荐[①]，瑶琴献奏有何惭。郭公古史期分备，断代奇峰剑出函。

众出言辞求日用，中存至理应穷探[②]。市场炒作笼烟雾[③]，长啸幽篁兴独酣。

吾读《老子》，究其产生的历史背景，发现提出西周实行公田奴隶制，经春秋私田奴隶制解放奴隶为农民，过渡到战国封建地主制的历史新说,作出具体划分,完备了郭沫若古史分期说。这就涵盖了春秋战国的整个历史。

冯梦龙编撰《新列国志》,知冯氏取之春秋战国史,采集传闻异说在《列国志传》的基础上去其杜撰不顾是非的虚构成分,使之连贯,基本符合历史真实,此其所以成功也。然传闻异说多未作出正确的判断叙说,不免菁芜共存,此其缺失也。正如清蔡元放在《东周列国志·序》中所说:"世之读稗官者颇众,而卒不获读史之益者何哉?盖稗官不过纪事而已,其于智愚、忠佞、贤奸之行事,与国家之废兴存亡,盛衰成败,虽皆胪列其迹",而与历史发展规律,人事之政策措施,"智愚、忠佞、贤奸言行事之得失,及其所以盛衰成败、废兴存亡之故,固皆未能有所发明,则读者于事之初终原委,方且懵焉昧之,又安望其有益于学问之数哉?夫既无与于学问之数,则读犹不读,是为无益之书,安用灾梨祸枣为!"此蔡氏之所以"评骘(zhì,音质。定也),条其得失而抉其隐微",乃有此书之评也。由于历史的原因,蔡氏亦有其"天道之感召,人事之报施"等观点的局限。爰在冯、蔡的基础上,不度德量力,按郭沫若对古史分期的总的划分,我的具体划分,正其传闻异说,补苴罅漏,恢复历史本来面貌,正改编为《新东周列国志——话说中国古代社会断代史》[荣获全国作品评比一等奖,并入编《中国作家世纪论坛获奖作家文库·2005卷(下)》。《文库》2006年3月由中国文联出版社出版发行。已自助出单行版,未发行]。此亦冯、蔡之本意云尔!

注释

①"沈约不分还自荐":梁武帝爱好文学,每次宴饮总要大

臣们写诗。公元503年(梁武帝天监二年),北方鲜卑族入侵南朝,曹景宗率军反击,大获全胜。武帝特意在光华殿庆功。酒过三巡,示意沈约"赋韵"——在写诗前规定若干字为韵,然后各人分拈韵字写诗。沈约逐一给大臣们分派韵字。曹景宗为武将,未给分韵。曹气愤地向武帝提出分韵的请求。武帝婉劝未止,只得依从。最后剩下"竞"、"病"二字。曹不慌不忙,濡笔沾墨一气呵成:"去时儿女悲,归来笳鼓竞。借问行路人,何如霍去病。"文武官员齐声喝彩,传为千古美谈。

②群众说话,多"从最简单、最普通、最常见的等等东西开始;从任何一个命题开始,如树叶是绿的,伊万是人,哈巴狗是狗等等"(列宁《谈谈辩证法问题》)。列宁指出"在这里就已经有辩证法"。老子就是从观察客观事物"始制有名"(《老子》三十二章)进行穷探,奠定其名学基础,"从有返无",得出其本体论;"自无生有",得出其世界生成论的,故曰:"天下万物生于有,有生于无"(《老子》四十章)也。

③当前国内《易经》、老子思想学术研讨会大兴,多为经济驱动炒作,所谓"会议经济"是也,宣扬象数占筮、道教神学等等,无所不用其极,鲜有认真的学术风气。

上　篇

一章　本体论和生成论，认识在于科学抽象

道可道，非常道；名可名，非常名。无名，天地之始；有名，万物之母。

故常无，欲以观其妙。常有，欲以观其徼。

此两者同出而异名，同谓之玄。玄之又玄，众妙之门。

老子是很现实和老实的，也是很高深和科学的。宇宙世界是什么的问题，他不是凭空猜想和揣度，而是按照常人认识客观事物的通则进行深远探求和科学判断。例如张三是人，白马是马，把一定的名放在另一个更广泛的名里而称道之。天下万物是有其更广泛的名所称道的物类，那就是生物、无生物。故曰："有名"、"有"。有更广泛的名所称道的物类，生物、无生物是无更广泛的名所称道的最高物类，那就是"物"。故曰："无名"、"无"。从"天下万物"寻其所自，"从有返无"，得出"物"即"道"的本体论，"自无生有"（自然包括天下万物）的宇宙世界生成论。这是"道"的本体论和宇宙世界生成论的两个基本

的系统。所以老子说："天下万物生于有，有生于无。"

这里表示的"有"是"生物、无生物"，乃"天下万物"的概括和抽象；"无"是"物"，乃"生物、无生物"的概括和抽象，那是极其清楚科学的。那么"有"和"无"不是从天上掉下而是从"天下万物"逻辑地科学概括抽象取得的，那是明白如火的。

老子论证的这个问题，《荀子·正名》："万物虽众，有时而欲遍举之，故谓之物，物也者，大共名也。推而共之，共则有共，至于无共然后止。"《墨子·经说上》："名，物，达也，有实必待文多也。"指反映普遍性最高的类概念，这是很清楚的。

至西汉就有人发现和肯定"无名"的本义，并作出了精当的表述。荀子的"无共"，墨子的"达名"，是继老子"无名"体悟的解读。《伊尹·九主》说："天企(法)无[名]，复生万物，生物，不物，莫不以名，不可为二名，此天企(法)也。"(《文物》1974 年第 11 期)"企"，古法字"佱"之省，故标为(法)。"天企(法)"就是"道"。这是说："道"是无更广泛的名所称道的"物"，反复变化转化产生万物，万物是生物、无生物(不物)，生物、无生物是物，无不可给以更广泛的名。不可给出第二名的，这就是"道"。万物是生物、无生物，是人类逻辑定义公式"名可名"的实际例证，"道"就是这个公式的展开连续至于不可定义称道的极致而得出的，老子谓之"绳绳不可名"。这是人类逻辑定义公式的第一次科学破读，并阐明了从"万物"经放入"生物、无生物"里，再进一步抽象，乃获得"道"的实证。"道"就是从"天下万物"抽象为"生物、无生物"，再抽象为"物"的。其为"物质一般"，那是自明的。"老子的时代，还不可能有(绝对精神与物质一般)这些观念。""绝对精神与物质一般"这样的普遍观念是在具体论述后才产生的，是具体论述的概括。如果是先有普遍观念然后才产生具体论述,那就是观念论上的唯心论了,事实恰恰相反,这是此前的具体论述,是普遍观念产生的基础。老子不过是在“绝对精神与物质一般”这一普遍观念尚未总结出来以前作出了物质抽象的具体的论述罢了。《伊尹·九主》可惜未引起当时学者的注意而埋没两千余年。

老子说:

“道”可用定义称道的,那不是“常道”;名可放在另一个更广泛的名里的,那不是“常名”。无更广泛的名所称道的最高的物类,“物”是“天地之始”,有更广泛的名所称道的物类,“生物、无生物”是“万物之母”。

所以要常从本质处祈以观察万物的奥妙,常从现象处祈以观察事物的端倪(徼)。

这里必须注意“常从现象处”的“现象”二字,仅指反映事物本质的那些现象,所以称为“端倪(徼)”,此本质之“端倪(徼)”也。

这两方面产生于同一对象而命名相异,都可以称之为深远处的东西(玄)。深之远之(玄)又深之远之(玄),这是认识万物奥妙的门径。

“深之远之(玄)”,在这里,可以看出就有着“物质抽象”和“科学概括”之意了,是不能凭字面义简单地体悟为玄奥奇妙、玄妙莫测的而妄为发挥。它的意义实际上是“至赜”而确切的,应该说是一个古典的方法论和认识论。遣词用字,变化论式,随文而异,如白日依山,黄河入海,气象万千,涵蕴丰富,扼要精当,玩味无穷。“至赜其辞含确义,开书对话味其意。中华文化通马恩,万变终归一以济”,其唯物论以“有无相生”为基础是辩证的,其辩证法以“天下万物”为基础是唯物的,是与马克思主义相通的古代辩证唯物论，值得永远纪念和深入研究、着重把握其本义。

魏晋玄学从"有""无"的性质论"有""无"而加以发挥，切合老子本义，而不及"有""无"之所自，这表明玄学还未达到老子的高度，老玄之间还有一个距离，今之很多学者亦大体如此，这是玄学的局限。

二章　万物都包含着阴阳的矛盾

天下皆知美之为美，斯恶已；皆知善之为善，斯不善已。故有无相生，难易相成，长短相形，高下相倾，音声相和，前后相随。

是以圣人处无为之事，行不言之教，万物作焉而不为始。

生而不有，为而不恃，功成而弗居。夫唯不居，是以不去。

老子是很现实和老实的，也是很高深和科学的。按照常人认识客观事物的通则对自然和社会进行深远探求和科学判断。“狂风刮不到一早晨，暴雨下不到一整日”，终归会出现明媚阳光的日子。木匠造车，车轴与毂孔适配，陶人治器，建筑师筑墙开凿户牖，器室中虚，才有车器室的作用。在老子看来，自然界和人类社会一切事物无不包含着矛盾：

芸芸（动）——静、枉——直、敝——新、柔——坚、寒——热、难——易、大——细、行——随、强——羸、生——死、亲——疏、贵——贱、高——下、有余——不足……这是事物的本性所表现的矛盾；

无——有、妙——徼、冲——锐、明——昧、子——母……这是事物本质和现象所表现的矛盾；

形——名、曲——全、洼——盈、重——轻、静——躁、雄——雌、白——黑、荣——辱、厚——薄、实——华、慈——勇、俭——广、后——先、主——客、进——退、敢——不敢……这是反映在人们的认识和态度上所表现的矛盾；

歔——吹、挫——隳、歙——张、弱——强、废——兴、夺——与、出——入、抑——举、损——补……这是根据认识反映在行动和斗争策略上所表现的矛盾；

宠——辱、损——益、得——亡、祸——福、杀——活、利——害……这是人们的行动反映在社会的后果上所表现的矛盾；

等等，等等。

这说明老子已深刻认识矛盾的普遍性。所以他作出结论说：“万物都包含着阴阴的矛盾。”这是他的矛盾学说的基本命题。

老子说：

天下都知道美的东西是美的，那就有了丑；都知道善的东西是善的，那就有了恶。所以有无互相对立而生，难易互相对立而成，长短互相对立而体现，上下互相对立而见高低，音声互相对立而出和谐，前后互相对立而有顺序。

因此“圣人”处理事情适合矛盾，实行不空言的教导，万事可作而不无缘而妄意忖度也。“万物作焉而不为始”，“万物”即“万事”，承上“处事”言之，可知指“治人事天”之事，“作”，人的行为行事也，“不为始”，遂州碑本、敦煌本、傅奕本、范应元本均如此。易顺鼎说：“考十七章王注云：‘大人在上，居无为之事，行不言之教，万物作焉而不为始’数语，全引此章经文，是王本作‘不为始’之证。”毕沅说：“河上公、王弼并作‘万物作焉而不辞’”，“古始、辞声同，以此致异”。劳健说：“《说文》‘辞’籀文从台作‘辞’，夏竦《古文四声韵》引石经‘词’作‘台’……盖二字古文形本相近。”《吕氏春秋·贵公篇》说：“天地大矣，生而弗子，成而弗有，万物皆被其泽，得其利，而莫知其所由始。”又《审分篇》说：“全乎万物而不宰，泽被天下而莫知其所自姓。”皆本老子此章.可见作“始”为老子原文，“为始”即“前识”。韩非《解老》说：“先物行、先理动之谓前识，前识者，无缘而妄意度也。”则“不为始”是不先物行、先理动，无缘而妄意度也。

事业生长而不占有，有作为而不自恃，功成而不居功。正因为不居功，因此他的功绩不会失去。

世间一切事物无不包含着矛盾，相反相成，各以自己的对立面作为存在的前提。“物无非彼，物无非是，自彼则不见，自是则知之。故曰：彼出于是，是亦因彼，彼是方生之说也。”（《庄子·齐物论》）矛盾是事物的根本属性。

事物的运动是由矛盾的斗争产生的。矛盾的斗争，在老子看来，都由静态经过动态，得到解决，组成新矛盾，又回到静态。事物在相对静止的阶段，老子叫做“归根曰静”，是“冲气以为和”的。吴澄说：“和，谓阴阳适均而不偏胜。”这就是说“正”、“善”之所以为“正”、为“善”，是由于“奇”、“妖”的存在，反过来说，也是如此，这是一对矛盾。因此，矛盾双方各自从对立面来认识自身就显得更重要。列宁说：“辩证的东西在对立面的统一中把握对立面……”从“正”、“善”来说，首先承认和肯定“奇”、“妖”的存在，与之冲融、和合、协调，与之相适应，措置得当，乃可以表现“正”、“善”的质的稳定性，就更能使“正”、“善”自身臻于完美，达到理想的境界。而一旦破坏了这种稳定性，事物就从静态发展为动态。老子说：“躁胜寒，静胜热。”“寒”、“热”和不胜“寒”、“热”，这是事物在一定条件下的本性；“躁”、

“静”是克服“寒”、“热”和不胜“寒”、“热”的事物本性的新的条件，矛盾双方就各因一定的条件向着相反的方面转化了去，则“正复为奇”、“善复为妖”矣。故曰：“反也者，道之动也。”这是一种普遍规律，这是宇宙的根本规律在古代的规定，这是常理。老子善于从事物的常理揭示出唯物论的哲学原理。那种认为老子持无条件转化论的观点，是没有根据的。

老子关于事物运动在静态时表现为冲和，在动态时表现为质变，就导致转化，产生新事物的这一观点，是有着重要意义的。静态时的冲和，有利于新事物的蓄养、成长和完善。西汉前期在黄老学说指导下的“与民休息”的政治，是成功的史例。动态时的质变，有利于对旧事物的变革、革新和扬弃。我国现代的民主革命和社会主义革命，是成功的史例。自然，这是在马克思主义指导下取得的。不可否认，这也证明老子哲学的普遍价值和生命力。而我们建国后在政策上的某些失误和在一个相当长的历史时期不顾生产力的实际水平不断提高生产关系的公有化水平，上层建筑部分与经济基础不相适应，导致经济发展停滞，难道不正是有失冲和的表现吗？以上就是老子的矛盾学说。

在老子看来，这是一个根本规律。宇宙的发生和进化，正是按照这个规律展开的。如果说“天下万物生于有，有生于无”所表述的是宇宙由物质、无生物、生物、动物到人类及其社会发展的一个大序列，那么，“道生一，一生二，二生三，三生万物”所表述的就是宇宙进化的这一大序列自己内部的内容和这个内容自己所具有的辩证法。从客观外部大量矛盾的观察引出原理，从自然过程外部必然性的观察引出规律，老子哲学论证的这一方法，在这里，它本身已经是辩证法。

三章　不赞成《尚贤》，提出务实的关注民生的政治思想

不尚贤，使民不争；不贵难得之货，使民不为盗；不见可欲，使民心不乱。

是以圣人之治，虚其心，实其腹，弱其志，强其骨。常使民无知无欲，使夫智者不敢为也。

为无为，则无不治。

《尚贤》阐述墨子的政治主张，“尚贤事能”，“国有贤良之士众，则国家之治厚；贤良之士寡，则国家之治薄”。反对以血缘为基础的贵族专政制度，“官无常贵”，“民无终贱”，国家用人应打破等级身份界限，“虽在农与工肆之人，有能则举之”。这在现代也是仍然有其价值的。道家学派不赞成“尚贤”，反映了一种狭隘的观念，这是应该指出的。

墨家似较道家开放而思想深邃不如道家和名家。

晋人鲁胜在其《墨辩注·叙》中说：“墨子著书，作《辩经》以立名本，惠施、公孙龙祖述其学，以正别名显于世。”

其实，名家是道家的别派，继承的是老子从逻辑概念和从逻辑定义的公式研究哲学的传统，乃补充、丰富、发展了老子思想，而不是《墨辩》的“祖述”。

公孙之文,离奇隽妙,愈转愈深,按其大旨,不过发明古代辩证唯物论的根本规律和认识论的少数几个范畴而已。“白马非马”,从最简单的、最普遍的、最常见的等等东西的命题开始,揭示了逻辑定义公式所蕴含的真理;“物莫非指,而指非指”,展转论难,全面论证了“白马”和“马”,即“物”和“指”的关系;“二有一乎”?“二无一”,提出和接触到两种世界观,并以生动的比喻,辛辣的讽刺,嘲笑和批评了“二有一”论者的形而上学观;“视不得其所坚”,“拊不得其所白”,源“坚”、“白”于“拊”、“视”,强调了“离”的作用;最终归要于“名实”,“名,实谓也”,“正其名”,“正其所实也”。“中间穿穴回互,无微不到”。这就是说名家是以互相排斥而关联的“二”,非“一”的重复(“二无一”)作为根本观念,弄清了“马”和“白马”,“指”和“物”(一般和个别),“坚”、“白”和“拊”、“视”(概念和感觉),“实”、“位”和“过”、“旷”(本质和现象)等等的辩证法,从而从理论上讲清了认识的来源,强调深入事物和从之抽象的重要性,而认为反映事物本质则非审慎不可,乃以一个精微的体系,自成为一个独立的学派。

与中国名家大体同时的(前384—前322年)希腊哲学家亚里士多德说:“普遍的东西本身不是以单一实体的形式存在的,而只是作为一定概念和一定质料所构成的整体存在的。”亚里士多德“不怀疑外部世界的实在性。这个人就是弄不清一般和个别、概念和感觉、本质和现象等等的辩证法”。(引自列宁《哲学笔记》)在这里,公孙龙不知道要高出多少倍,是中国战国的名家和公孙龙第一个提出和正确地解答了这些问题。

《墨辩》虽然涉及了名家提出的所有这些命题,但可以看出,都是从常识范围对名家关于这些命题的解决的訾应,而未能进入名家的堂奥。其出于名家之后,亦是很清楚的。

如:

《经下》:“非半弗斫,则不动,说在端。”

《经说下》:“非,斫半,进前取也。前,则中无为半,犹端也。前后取,则端中也。斫必半。毋与非半,不可斫也。”

“斫”,《玉篇》曰“破也”,犹言剖也。这是说剖半可取两种形式,即竖剖——“进前取”和横断——“前后取”,竖剖和横断到了极细微时,只剩下一点之端,就不能再剖了,剖既必半不能成半,就不能再剖了。显然,这是对《天下篇》二十三事中“一尺之棰,日取其半,万世不竭”的反辩。出于惠施、公孙龙之后,是明白如火的。

《经下》:“火不热,说在睹。”

《经说下》:“火:谓火热也,非,以火之热我有,若视日。”“火不热”,亦二十三事之一。《淮南子·诠言训》旧注:“公孙龙以白马非马、冰不寒、炭不热为论。”“炭不热”即“火不热”,可知是“白马非马”的泛论,这就是白马不是一般的马,冰不是一般寒,火(炭)不是一般热,这应该说是“火不热”的本义。

然而《经下》作者认为“火热”只是因为我有感觉的缘故,假如我无感觉,则火无热可言,犹目之得日视明而无热感一样,故曰“说在睹”。如果说把“鸡三足”看成是公孙龙的观点,是不懂《通变论》,那么,这里就是不懂《白马论》了。事实上,《墨辩》作者正是不懂《白马论》。《墨子·小取》:“白马,马也;乘白马,乘马也。”而不及“白马非马”。

《墨辩》作者也不懂《坚白论》。《经上》:“坚白,不相外也。”《经说上》:“坚:异处不相盈,相非,是相外也。”“坚白之撄相尽。”而不及“离坚白”。

《墨辩》止于常识论，唯公孙龙智慧而深刻。

“圣人”，当非我们今天对这一名词的认识。孔子尚未成名，老子亦唯王室的一个图书管理官吏罢了。应该是说的圣明的统治者而已，有赞赏冀望之义。

老子说：

不崇尚贤能，使民不相争；不看重难得的财货，使民不为盗；不启导私欲，使民心不乱。

因此圣明的统治者治理政事，使人民淳朴，吃得饱，减少竞欲之心，增强体质，常使民无巧诈邪欲，使那些智巧诈伪的人不敢妄为而已。

按适合矛盾的原则办事，就没有不可治理的了。

四章　“道”的品格和风貌

道冲而用之或不盈，渊兮似万物之宗。
挫其锐，解其纷，和其光，同其尘。
湛兮似或存，吾不知谁之子，象帝之先。

“道”是从天下万物经过科学概括，连续抽象，达于至极，老子谓之“绳绳不可名”而取得的，这里描述它的品格和风貌。

“道”不存在任何具象，其冲虚不盈，源远流长，绵绵不绝，不执一端，谦冲不已，涓涓汩汩，流注不休，聚而成渊，不拒倾注，永无止境，好像那生长万物的宗主啊。

然而藏于现象深处，必须顿挫坚锐，化解纷扰，参和光景，互同尘象，仍然澄澄湛湛，和而不杂，同而不流，若存若亡其间，是要花大力气才可以认识的。它究竟是谁的儿子啊？只知道它比“天象”还要靠前呢！

老子说：

“道”冲虚不满，应用之又无穷竭，藏于现象深处啊，好像那万物的宗主。

去掉锐露，解除纷扰，将“光”和“尘”统一起来。

说它没有吧，也许是实际存在的，我不知道它是谁的儿子啊，它比那“天象”还要靠前呢。

讲得多么深刻，多么好啊！

老子关于认识“道”的方法，后世就成了处世做人修心养性的基本方法。人生在世，必须自我养活，有所贡献，为人民服务。不可得理不让人，一切不为太过。锋芒毕露，令人生畏，此所以“挫锐解纷，和光同尘”之不可须臾离也。

古代帝王将相、才子大臣由老子这一谦冲自守精神，产生很多可歌可泣的历史故事，值得后人景仰学习，这里就不赘述了。

五章　承认变化，承认事物从一种质态向着另一种质态的转变

天地不仁，以万物为刍狗；圣人不仁，以百姓为刍狗。
天地之间，其犹橐籥乎，虚而不屈，动而愈出。
多言数穷，不如守中。

事物的变化是从一种质态向着另一种质态的转变。事物的质是事物运动在其对立统一时的规定性，即事物的性质。事物无不包含着阴阳两种对立相互消长的因素，“阴阳适均而不偏胜”，就表现为事物的一定的性质。这是事物矛盾特别是主要矛盾方面的规定性。事物在这个时候，表现为一种相对的稳定状态，只有量变，没有质变。当这种量变，不断积累，达到了某一个最高点，就表现为一种显著的变动状态，统一物乃分解，阴阳对立，重新组合，引起质变，旧事物就死亡，新事物就生成。因此，既要承认事物相对稳定时的质态，又要承认事物显著变动时向着另一种质态的转变。

“天地不仁，以万物为刍狗。”王弼注：“天地任自然，无为无造，万物自相治理，故不仁也。”“刍狗”是草扎成的狗，古代祭祀所用。庄子说：“夫刍狗之未陈也，盛以箧衍，巾以文绣，尸祝齐（斋）戒以将之。及其已陈也，行者践其首脊，苏者取而爨之而

已。"(《庄子·天运》)

"圣人不仁,以百姓为刍狗"。"百姓"古代对贵族的总称。《诗·小雅·六保》:"群黎百姓。"郑玄笺:"百姓,百官族姓也。"战国以后用为平民的通称。《墨子·辞过》"当今之主……必厚作敛于百姓,暴夺民衣食之财。"这里指百官族姓。

那么,天地任自然,对待万物有如刍狗;圣人任自然,对待百官族姓有如刍狗,其义何在呢?

当"刍狗"之未陈也,是现实之物,则"盛以箧衍,巾以文锈,尸祝齐(斋)戒以将之",这是对于事物的一定质态的肯定;"及其已陈也",成了过时之物,则"行者践其首脊,苏者取而爨之而已",就是对于事物不现实的一定质态的否定,也就是对于新事物的肯定。肯定事物的一种质态,也肯定事物从一种质态向着另一种质态的转变,这就是承认事物的变化。

事物变化是绝对的。"有生者必有死,有始者必有终,自然之道也。"(扬雄《法言·君子》)世界上没有永恒不变的东西。"反者,道之动;弱者,道之用。"(四十章)"坚强者,死之徒也;柔弱者,生之徒也。""强大处下,柔弱处上"(七十六章)。变化是普遍的。

"天地之间,其犹橐籥乎,虚而不屈,动而愈出"。"橐籥":吴澄说:"橐籥,冶铸所用,嘘风炽火之器也。为函以周罩于外者,'橐'也;为辖以鼓扇于内者,'籥'也。天地间犹橐籥者,橐象太虚,包含周遍之体;籥象元气,细缊流行之用。""虚而不屈"。"虚",橐象,状天地间;橐内有籥,籥象元气,是天地间有元气也。"不屈",不穷竭。严复说:"'屈',音掘,竭也。""虚而不屈",言天地间空虚,而元气流行,生生不息也。"动而愈出"。"动",指虚内元气氤氲流行也;"愈出",指氤氲流行之用,生生

不息也。张载说:“太和所谓道,中涵浮沉升降,动静相感之性,是生絪缊,相荡胜负,屈伸之始。”(张蒙《正蒙·太和》)

“多言数穷,不如守中”。“数”,吴澄说:“犹速也。”“守中”,事物的变化是绝对的,其质的稳定性是相对的,暂时的。因此,“荡然任自然”,“弃己任物”,把握事物的本质,把握事物从一种质态向着另一种质态的转变,“权度精切不差”,“取一个恰好处”,是乃所谓“中”也,是乃所谓“守中”也。“中”者,无“过”与“不及”也。“舜好问而好察迩言……执其两端,用其中于民。”(《中庸》第六章)“两端”,“过”与“不及”也。朱熹阐释说:“两端,谓众论不同之极致。盖凡物皆有两端,如小大厚薄之类。于善之中,又执其两端,而量度以取中,然后用之,则其择之审而行之至矣。然非在我之权度精切不差,何以与此?此知之所以无过不及,而道之所以行也。”(《四书集句》)“‘在执其两端,用其中于民’,非谓只于二者之间取中。当厚而厚,即厚上是中;当薄而薄,即薄上是中。轻重亦然。”“此句只是将两端来量度取一个恰好处”。“择其说之是者而用之,是乃所谓中也”。(《朱子语类》卷六十三)惟其决定质之量之所存而已。孔子谓之“中庸”,老子谓之“守中”也。孔子在肯定事物的质的规定性这一点上,同老子一致,渊源于老子,有所发挥,但又同老子相区别,只肯定事物的旧质状态而反对向新质状态的转变,这表现了孔子的保守思想。

对事物的认识在于“守中”。“守中”者,把握事物的质,如前所述,承认事物的变化,肯定事物的一种质态,也肯定事物从一种质态向着另一种质态的转变是也。如果把事物的一种质态绝对化,反对向新质态的转变,喋喋不休地执著一种见解,“刍狗”之既陈也,仍然“齐(斋)戒以将之”,禁止“行者践”,

“苏者取而爨”,汲汲于不可为而为之,那就是注定要碰壁的。这是一切保守派的基本立场和态度。

老子说:

天地任自然,对待万物有如“刍狗”。圣明的统治者任自然,对待百官族有如“刍狗”。

天地之间岂不像只风箱吗?空虚而不穷竭,氤氲流行而生生不息。

喋喋不休地执著一种见解,是很快要失败的,不如权度精切不差取一个恰好处。

这是老子对周王朝行将灭亡的警告和对新兴封建制必然到来的预言。今天读之,则是中国特色社会主义为过渡到真正的社会主义奠基必然胜利的预言,它增强了中国人民建国的信心。

六章 保持虚怀若谷的精神

谷神不死，是谓玄牝。玄牝之门，是谓天地根。
绵绵若存，用之不勤。

自王弼注将“谷神”释为“谷中央无(谷)〔者〕也”，如高亨《老子正诂》：“谷神者，道之别名也。”就搞得神秘而弄糊涂了。

其实“谷神”，一种虚怀若谷的精神。“旷兮其若谷”(十五章)，“为天下溪”、“为天下谷”(二十八章)，“江海所以为百谷王”(六十六章)，“溪”、“谷”象虚，“江海”象下，取其盈百川纳物，表示一种谦虚的胸怀，这是老子的本义，是不假外求的。“不死”，言保持也。“玄”，深之远之也，指深入事物，穷其极致，抓住本质。“牝”，母，取象根本。

“玄牝之门，是谓天地根。”本句是“玄牝是谓天地根之门”的变文。薛惠说：“老子书大抵用韵，故其遗词，多变文以协韵。”然薛以为“曰：‘是谓玄牝’，则读牝为否，以协上句；曰‘玄牝之门’则特衍其词，与下句相协。”(《老子考异》)其实从还原的全句看并无衍词。“牝”，母，表示一种根本，“玄牝”是深入事物深远处的根本。老子对此非常重视强调，反复申述，无以复加了。

“绵绵若存，用之不勤。”“绵绵”，连续不断貌，引申为持续义;“若存”,若能保存某种状态或精神也。“勤”,《说苑·指武》:“百姓力尽,不得衣食。”朱起风说:“勤,读上声,即尽字。”《淮南子·主术训》:“力勤财匮。”勤,正取“尽”义。

老子说:

保持虚怀若谷的精神,那是深入事物抓住本质的根本,是认识天地本原的门径。

一个人若能永远地保持这种精神,用处是没有穷尽的。

毛泽东说:虚心使人进步,骄傲使人落后。反复强调的也是这种精神。

七章　宇宙论，认识论和人生论

天长地久，天地所以能长且久者，以其不自生，故能长生。

是以圣人后其身而身先，外其身而身存。非以其无私邪？故能成其私。

主旨阐述宇宙论、认识论和人生论。

“天长地久，天地所以能长且久者，以其不自生，故能长生。”这是宇宙论。

“无名，天地之始。”（一章）“有物混成，先天地生。”（二十五章）天地不是固有的，是由混然一体的“道”，无更广泛的名所称道的最高的物类，“物”，演化产生的，故曰：“不自生”。世界由物质演化生成，长久存在，就有着世界的物质性、客观性、第一性的义蕴。“故能长生”，其发展演化，亦必是长期的，故能“长久”、“长生”。

“是以圣人后其身而身先”。“后其身”，本于老子“欲先民，必以身后之”（六十六章）。韩非说：“议于大庭而后言则立，权议之士知之矣。故欲成方圆而随其规矩，则万事之功形矣。而万物莫不有规矩，言议之士，计会规矩也……故曰：‘不敢为天下先。’”（《韩非子·解老》）“不敢为天下先”，是“后其身”也。这是认识论。

“外其身而身存。非以其无私邪？故能成其私”。“贵以身为天下，若可寄天下；爱以身为天下，若可托天下。”（十三章）“处上而民不重，处前而民不害，是以天下乐推而不厌。”（六十六章）“受国之垢，是谓社稷主；受国不祥，是为天下王。”（七十八章）“以身为天下”，“受国之垢”，“受国不祥”，是“外其身”也，这是献身为人民；“若可寄（托）天下”，“天下乐推而不厌”，“是谓社稷之主”、“天下之王”，是“身存”也，这是受爱戴。这是人生论。

由于世界的物质性、客观性，具有主要的决定性的作用，人乃不能“先物行、先理动”，“无缘而妄意度也”。“万物莫不有规矩”，必“尽随于万物之规矩”，“计会规矩”（《韩非子·解老》），虚心体察情况，听议而后定事，这叫做“后其身”。可见，这里又有着精神第二性的义蕴。

由此导出人生论，献身为天下，乃可寄托以天下，受人爱戴。

老子说：

天长地久，天地之所以能够长且久者，因为它非自己产生，所以能够长久生存。

因此“圣人”听议而后定事，反而自己占先；献身为人民，反而受爱戴。难道不正是由于没有私心吗，所以能够成就他自己。

“后”而“先”，这是认识论的辩证法。

“外”而“存”，这是人生论的辩证法。

八章 认识论和条件论

上善若水，水善利万物而不争，处众人之所恶，故几于道。居善地，心善渊，与善仁，言善信，政善治，事善能，动善时。夫唯不争，故无尤。

水性就下，取象谦虚。保持虚怀若谷的精神，柔雌，江海所以成为百川的王，反复讲的都是这一点。有了谦虚的心态，就有了持身的立足点；虑事深远；议事谦和，则行事理。这是认识论。

“得事理则必成功”（《韩非子·解老》），为政则可能上轨道。何以成功？凡事观照可能，行动适合时机，不超过物质条件许可的范围勉强地去做那些实在做不到的事，就不犯过失了。这是条件论。

七个“善”字，皆实践的前期活动，应从认识论的意义上来理解。“与善仁”，“与”，交与，是议于大庭，权议之事也；“仁”，训和，谦和也，即今之所谓民主。“言善信”，是“信者，吾信之；不信者，吾亦信之，德信”。众论不同之极致，“信者”，“不信者”，皆听也。正因为不勉强地去做那些实在做不到的事，所以不犯过失。

“不争”，是老子“无为”论中一个重要的概念。如果说“无为"有着认识必然、取得自由的义蕴，那么，"不争"就是条件论。承上七个"善"字，特别是"事善能，动善时"，要求条件许可，瓜熟蒂落，水到渠成，则"不争而善胜"矣。

老子说：

最好如水一样，水善于滋润万物而不与万物相争，处于众人所厌恶的地方，所以最接近于"道"。

持身善于择地，虑事善于深远，议事善于谦和，众论善于兼听，为政善有条理，办事善看可能，行动善于适合时机。

正因为不勉强地去做那些实在做不到的事，所以不犯过失。

遵"道"以自处，虚怀若谷，讲立场思想，联系群众，听取意见，绝不轻举妄动，有成绩而不居功自傲。这是对人多么有益的教诲呢！

九章　反对盈满，锋芒毕露

持而盈之，不如其已；揣而锐之，不可长保；金玉满堂，莫之能守；富贵而骄，自遗其咎。功遂身退，天之道。

主旨从反面揭示谦虚、藏敛、俭朴之为美德。“揣而锐之”。“揣”，吴澄说：“揣，捶之也。”高诱注：“捶，锻击也。”王弼注曰：“既揣末令尖，又锐之令利。”锻而锐利，锋芒毕露也。盈满，骄矜自满，这是要不得的。必须挫锐解纷，和光同尘。金玉满堂，没有谁能守住，富贵而骄，自取灾祸。最后归结为“功遂身退”，王真曰：“身退者，非谓必使其避位而去也，但欲其功成而不有之耳。”（《道德经论兵要义述》）不必避位引退，而是要功成而不居功，继续保持淳朴的心态，这是立足于认识论的。如此，则能继续保持清醒的头脑，接受新鲜事物而不故步自封也。

老子说：

保持盈满，不如作罢；锋芒毕露，不可长保持；金玉满堂，没有谁能守住；富贵而骄，自取灾祸。功成而不居功，这是自然的道理。

这真是金玉良言啊。

十章 使思想合于客观外界的规律性

载营魄抱一，能无离乎？专气致柔，能婴儿乎？涤除玄览，能无疵乎？

爱民治国，能无知乎？天门开阖，能为雌乎？明白四达，能无为乎？

生之畜之，生而不有，为而不恃，长而不宰，是谓玄德。

主旨讲认识论和人生论。人生论是以认识论为基础，认识论是以人生论为出发点的，每论必及之。因为人生论，说到底，是一个世界观的问题。把它从属于认识论，就从理论上得到解决。

"载营魄抱一，能无离乎？""载"，发语词。《诗·鄘风》："载驰载驱。"陆希声说："载，犹夫也。发语之端也。"（《道德真经传》）张默生说："如《诗经》中'载言载笑'的'载'字，和'夫'字的用法差不多。"

"营"，经营，治理，使也。

"魄"，魂魄，灵魂，思想也。

"抱"，合于。林希逸说："抱者，合也。"

"一"，指"道"。"昔之得一者"（三十九章），"一生二"（四十二章），"一"俱指"道"。这里侧重于客观外界规律性这一意义。就是说使思想合于客观外界的规律性,这是认识论的根本问题。这是不容易做到的。

“专气致柔,能婴儿乎?”“专”,专一,纯一,不纷杂也。《淮南子·主术训》:“心不专一,不能专诚。”“婴儿”,取其淳朴也。心地淳朴,心境清明,不以私智行事,虚心体察情况,是可以认识必然,取得自由,积累经验,功成事遂,大有作为的。

“涤除玄览,能无疵乎?”“涤除”,综合感觉的材料加以整理和改造,属于概念、判断和推理的阶段。“玄览”,深入观察所见。因为只有感觉的材料十分丰富(不是零碎不全)和合于实际(不是错觉),乃能根据这样的材料造出正确的概念和论理来。“疵”,瑕疵,主观私欲的瑕疵。主观片面,蔽于私欲,此为认识的尘埃。认识有尘埃,则不能认识世界。

“爱民治国,能无知乎?”“知”,通“智”,巧诈也。“圣人之治……使夫智者不敢为也。”(三章)“以智治国,国之贼;不以智治国,国之福。”(六十五章)王弼注“智多”谓“多智巧诈,故难治也”。则“智”,实为巧诈之意。

“天门开阖,能为雌乎?”世间事物无不包含着矛盾,“天门开阖”,正是矛盾的形象概括。“无为”,“为雌”,是以此为前提,言与之相适应也。自然的对立变化,未暴露或未完全暴露,乃不免只见树木,不见森林。在老子看来,更由于自负贤能,醉心名利,恃才傲物,富贵而骄,心地不淳朴,心境有瑕疵,以私智行事,“取强”,“妄作”,弥不由此。

“明白四达,能无为乎?”明达四方,能适应矛盾吗?

因此,认识论是应该以人生论为出发点的。

“生之畜之”。农民种庄稼,“长之育之,亭之毒之,养之覆之”(五十一章),要完全符合庄稼生长发育的自然规律,是“道生之”;其认识是出于经验积累,是“德畜之”。“生之畜之”本此。这里泛指遵循客观规律,使事业生长,取得经验。

“生而不有,为而不恃,长而不宰”。“长”,即“朴散则为器,圣人用之,则为官长”(二十八章)的官长;“宰”,宰制。《史记·礼书》:“宰制万物,役使群众。”引申为武断。

“是谓玄德”。老子把“道”分为“常道”和“非常道”,相应地把“德”分为“上德”和“下德”,“上德”又叫“常德”,“孔德”,“玄德”。“德”是什么呢?卜辞中有“德”字,也有“得”字。《释名·释言语》说:“德,得也,得事宜也。”是得到一种处事之宜的认识,处事适宜是经验,则“德”是经验。“玄德”,深远的经验,最高的经验,具有常性,故为普遍性经验。“孔德之容,惟道是从。”(二十一章)这就阐明了“道”和“德”的关系。韩非说:“德者,道之功。”王弼说:“德者,得也。常得而无丧,利而无害,故以德为名焉。何以得德,由乎道也。”皆本于古义

但不忘回到起点,“事业发展而不占有,有作为而不自恃,为官长而不武断”。这是立足于认识论和认识的推移发展的。

老子说:

使思想合于“道”,能不脱离吗?专一志气以致柔顺,能像婴儿一样淳朴吗?整理改造深入观察所见,能没有主观私欲的瑕疵吗?爱民治国,能不使用巧诈吗?在自然的对立变化中,能采取柔雌的态度吗?明达四方,能适合矛盾吗?

使事业生长,经验积累。事业生长而不占有,有作为而不自恃,为官长而不武断,这就叫普遍性经验。

中心在使思想合于“道”,“专致”、“涤玄”、“爱治”、“无雌”、“无为”,皆所以保证这一点。做到这一点,则事必成功而不要居功,不要自恃,做了官也不能武断专行。这是最后的谆谆教诲。

十一章 “无”之为用大矣哉

三十辐共一毂，当其无，有车之用。埏埴以为器，当其无，有器之用。凿户牖以为室，当其无，有室之用。

故有之以为利，无之以为用。

“有”、“无”也有形而上与形而下之分。有更广泛的名所称道的物类，“有”，无更广泛的名所称道的最高的物类，“无”，属形而上范畴；如车、器、室等具体的“有”所形成的中虚，“无”属形而下范畴。这里讲形而下的“有”、“无”。“有”、“无”相互依存，相互为用，中虚尤重，不可不察也。

载重致远之车辆，关键在于毂轴。“毂”，车轮中心的圆木，中有圆孔，用以贯轴。“辐”，车轮中凑集于中心毂上的条木。周围与车辐的一端相接，“当其无”，“有”与“无”适配，这里指轴孔配合，以下则是器室中虚，言一种具体之活的机制也。轴孔适配，运转无穷。

“埏埴”。“埏”指烧土坯而为器皿。“埴”，黏土，和黏土以为饮食之器。《庄子·马蹄篇》：“陶者曰：我善治埴。”和土烧坯制器，取其中虚装物。筑墙造屋，开凿门窗，光线入内，空气流通，内外畅达，住人养人，胸襟开阔，无不发挥其空虚之益。

空虚的用处是多么神奇和伟大啊！

老子说：

三十根辐条集合在一个轮毂上，轴孔配合，才有车辆的作用。和治陶土制造器皿，器皿中空，才有器皿的作用。开凿门窗以造房屋，形成空间，才有居室的作用。

所以具体东西的价值，是发挥其“有”、“无”机制的作用。

非常留意于人类发明创造的匠心。那种认为老子反对文化知识和物质文明的观点，是浅薄无据的。

“无”之为用大矣哉！

十二章　反对纵欲腐朽的生活

五色令人目盲，五音令人耳聋，五味令人口爽，驰骋畋猎令人心[发]狂，难得之货令人行妨。

是以圣人为腹不为目，故去彼取此。

贵族穷奢极欲，生活糜烂；人民贫困潦倒，奄奄欲绝，这是老子深恶痛绝的，所以极力反对纵欲腐朽。“令人目盲”的“五色”，青、赤、黄、白、黑五种颜色。《礼记·礼运》：“五色……还相为质也。”孔颖达疏：“五色，谓青、赤、黄、白、黑。”这里泛指色欲之所好。“目盲”，眼茫。“盲”，《释文》：“茫也，茫茫无所见也。”“令人耳聋”的“五音"，亦称“五声”，中国五声音阶中的宫、商、角、徵、羽五个音级。《礼记·礼运》：“五声……还相为宫也。”孔疏“五声，谓宫、商、角、徵、羽”。“令人口爽”的“五味”，酸、苦、辛、咸、甘五种味道，这里泛指美味佳肴。《礼记·礼运》：“五味……还相为质也。”郑玄注：“五味，酸、苦、辛、咸、甘也。”“爽”，伤也。《淮南子·精神训》：“五味乱口，使口爽伤。”“令人心狂”的“畋猎”，“心狂”，原文作“心发狂”。高亨说：“‘发’字疑衍。‘心狂’二字，其意已足。此文‘令人目盲，令人耳聋，令人口爽，令人心狂，令人行妨’句法一律，增一‘发’字，则失其句矣。盲为目疾，聋为耳疾，狂为心疾，故古书往往并言。”其说甚是，删“发”字。“令人行妨"的“难得之货”。“行”，品行；“妨”，损害。这不是一般的、普通的物质文明，显然指责的是统治者的糜烂生活现象。纵情声色，骄奢淫逸，放荡无度，“处上”则“民重”矣，“处前”则“民害”矣。要求统治者爱护人民，“以身为天下”，“受国之垢”，“受国不祥”，有献身精神，为求百姓安饱，不贪声色，摒弃纵欲的追求，保持淡泊的生活。“不累于俗，不饰于物，不苟于人，不忮于众，愿天下之安宁以活民命，人我之养毕足而止。”（《庄子·天下篇》）宋妍、尹文的这种高风，应该说就是老学思想的直接继承和发挥。

老子说：

色彩缤纷使人视觉迷茫，靡靡之音使人听觉不灵，美味佳肴使人味觉败坏，驰骋打猎使人情绪疯狂，难得的财货使人品行受损。

因此圣明的统治者为求百姓安饱，不纵声色之欲。所以摒弃纵欲的追求，保持淡泊的生活。

读之能不令人感慨系之呢！

十三章 “贵”、“爱”“为天下”献身

宠辱若惊，贵大患若身。

何谓宠辱若惊？宠为下，得之若惊，失之若惊，是谓宠辱若惊。

何谓贵大患若身？吾所以有大患者，为吾有身，及吾无身，吾有何患！

故贵以身为天下，若可寄天下。爱以身为天下，若可托天下。

“宠必有辱，荣必有患，宠辱等，荣患同也。”（王弼注）

贵、爱以身为天下，若可寄托给天下，文义自明。但古今注家多误解老子为“贵身”、“爱身”。唯高亨、陆希声解，最合本义。

高亨说：“视其身如天下人，是无身矣，是无我矣，是无私矣；如此者方可以天下寄托之。”

陆悦：“唯能贵用其身为天下、爱用其身为天下者，是贵爱天下，非贵爱其身也。夫如此，则得失不在己，忧患不为身，似可以大位寄托之，犹不敢使为之主，而况据而有之哉！此大道之行，公天下之意也。”

讲得何等明白！

老子说：

受宠如受辱一样惊恐，显贵如蒙大患一样在身。

什么叫受宠如受辱一样惊恐呢？受宠是卑下人的事，得之如受辱一样惊恐，失之如受辱一样惊恐，这就叫受宠如受辱一样惊恐。

什么叫显贵如蒙大患一样在身呢？我所以担心有大患者，因为我有一己之私。如无一己之私，那还担心什么祸患呢？

所以贵为天下献身，那才可寄以天下；爱为天下献身，那才可托以天下。

这就是范仲淹的“先忧后乐”，孙中山的“天下为公”，毛泽东的“全心全意为人民服务”，如此而已，岂有他哉！

十四章　“道”的抽象性

视之不见名曰“夷”，听之不闻名曰“希”，搏之不得名曰“微”。此三者不可致诘，故混而为一。

其上不皦，其下不昧，绳绳不可名，复归于无物。是谓无状之状，无物之象，是谓惚恍。迎之不见其首，随之不见其后。

执古之道，以御今之有，能知古始，是谓道纪。

主旨论“道”的抽象性，接触到了由特殊到一般，又由一般到特殊这个人类认识的两个过程。

“视之不见名曰‘夷’”，“听之不闻名曰‘希’”，“搏之不得名曰‘微’”，看不见，听不到、摸不着而实际存在一种东西，故曰“夷”、“希”、“微”。是形下的东西经过物质抽象而取得的形上的东西。

“三者”即看不见、听不到、摸不着的形上的东西也。“不可致诘”，不可追问也。“一”者，混然一体也。

“其上不皦”，“皦”，敦煌本、强思齐本作“皎”。“皦”、“皎”通假。《说文》：“皦，玉石之白也。”“皎，月之白也。”言其上不光明也。

“其下不昧”，“昧”，昏暗。两句言其上下既不明显，也不幽暗，也是对抽象的形容。

“绳绳不可名”,连续推演抽象得出无更广泛的名所称道的最高的物类也。

“复归于无物”,“无物”,“无状之状,无物之象”也,是不假外求的。老子认为天地万物都来源于无形象的“物”,是“物”生天地万物。今从天地万物又认识到这个本原,故曰:“复归于无物”。黑格尔说:“如果抽去某物的一切规定、一切形式,那末,剩下的就是无规定的物质。物质是某种纯粹抽象的东西。(——物质是不能看见、不能触觉到的,等等,——凡是能够看见、能够触觉到的东西已经是规定的物质,即物质和形式的统一体。)”(引自列宁《哲学笔记》)这是远古东方的老子和近代西方的黑格尔的一种共同的体认。

“是谓无状之状,无物之象,是谓惚恍”,“惚恍”,“若存若亡,不可见之也”(河上公注)。

“迎之不见其首”,“随之不见其后”,面对着不见其面貌,跟随着不见其背影,是眼睛看不见的东西。是思维从具有固定形态的东西上升到抽象的东西,都是讲的“道”的抽象性。

万物是生物和无生物,生物和无生物是物,“物”,“无名”,无更广泛的名所可称道的物类,即最高的物类,不具有任何的物状物象,故曰“无状之状,无物之象”。“无状之状,无物之象”的“道”,是“自本自根”,“自古以固存”的,故谓之“古始”。执古可以御今,掌握固有的“道”以指导当前事物的具体运动,是“自无生有”,由一般到特殊;证今可以知古始,通过当前事物的具体运动以加深对“道”的认识,是“从有返无”,由特殊到一般。

“是谓道纪”,这叫认识论的秩序。

老子说:

视而不见称之为“夷”，听而不闻称之为“希”，摸而不着称之为“微”。三者不可追问，所以是混然一体的东西。

这个混然一体的东西，其上不明显，其下不昏暗，连续推演出无更广泛的名所称道的最高的物类，又回到无形象的状态。这叫无形状的形状，无物象的物象，这叫形象不明的实质，都是眼睛看不见的东西。

掌握自古以固存的“道”，以驾驭当前事物的具体运动，能加深认识最初的本原，这叫认识论的秩序。

十五章 古思想家的风貌

古之善为士者，微妙玄通，深不可识。夫唯不可识，故强为之容：

豫焉若冬涉川，犹兮若畏四邻；

俨兮其若客，涣兮若冰之将释；

敦兮其若朴，旷兮其若谷，混兮其若浊。

孰能浊以静之徐清，孰能安以动之徐生。

保此道者不欲盈，夫唯不盈，故能蔽而新成。

主旨描述古思想家的风貌。“微妙玄通”，“微”，“搏之不得也”。“妙”，神妙，奥妙，搏之不得的奥妙，指事理言之。因此，古思想家的总的特点是事理通达，深刻不可认识。如陈鼓应所说，他同嗜欲深，天机浅，一眼可以看到底的人是颇不一样的。

“豫焉若冬涉川，犹兮若畏四邻”；“先患虑患谓之豫，豫则祸不生”(《荀子·大略》)。“豫”，预也，事先预防祸患的产生。“犹”，猷也，计划也，引申有戒惧之意。如冬日渡河，“战战兢兢，如临深渊，如履薄冰”(《诗经·小旻》)也。戒惧警惕啊，如畏四邻围攻。

“俨兮其若客，涣兮若冰之将释”。“俨”，端谨庄严，表示庄重而不任意，如客人观物，实事求是。“涣”，流动貌，引申为不凝固僵化之意;“若释”,有如冰之解冻也。严肃而不存偏见啊,如客之观物,不凝固僵化啊,如冰之将释。看事客观,“与时迁移,应物变化”也。

“敦兮其若朴,旷兮其若谷,混兮其若浊。”“没华虚之文,存敦庞之朴。”(《论衡·自纪》)“敦”,无虚华之文也。“朴”,纯真朴实,毫无矫饰。“浊”,一种探究事理的谦虚心态,是老子认识论的专用术语之一,是谦虚的表现。不自见,如水之混浊。品格谦虚,老老实实,在百姓中毫无一点自居高明之貌。谦虚则能兼听,兼听则能纳物,这就有了作出正确判断的前提。

荀卿叫做“浊明外景”(《荀子·解蔽》)。

韩非叫做“听言之道,溶若甚醉。唇乎齿乎,吾不为始乎;齿乎唇乎,愈惛惛乎!”(《韩非子·扬榷》)这也是“浊”的意思。

“孰能浊以静之徐清,孰能安以动之徐生。”谁能做到彻浊,虚心静听,如浊水静止,徐徐澄澈而事理清明矣。谁能深造之以道,行动得理,处之安固,徐徐而事功生成矣。

“保此道者不欲盈,夫唯不盈,故能蔽而新成。”“不欲盈”,不自满也。正因为不自满,乃能吐故纳新,取得成功。

这是一种深刻的唯物论认识论。

老子说:

古代善于为道的人,事理通达,深刻不可认识,因此为之描述:

严肃不存偏见啊,如客之观物;不凝固僵化啊,如冰之将释。

无虚华之文啊,如未雕之朴;不自居高明啊,如水之混浊。

谁能湛浊静止俟净呢,心境将徐徐清明矣;谁能得理处之安固呢,事功将徐徐生成矣。

保持这一道术的人不求自负自满。正因为不自负自满,所以能吐故纳新,取得成功。

十六章　运动的两种状态，静态和动态

致虚极，守静笃，万物并作，吾以观复。

夫物芸芸，各复归其根。归根曰静，是谓复命，复命曰常。

知常曰明，不知常，妄作，凶。知常容。容乃公，公乃全，全乃天，天乃道，道乃久，没身不殆。

主旨论述运动的两种状态，静态和动态。事物总是从静态，经过"芸芸"的动态，又回到静态。

全篇分三节：

首节讲"致虚极，守静笃"。"致"，推致，即做到；"守"，保持。也就是人应当做到极端虚心，笃实保持冷静。"万物并作，吾以观复"，万物普遍运动，我以之观察其往复。

次讲"夫物芸芸，各复归其根"。"芸芸"是事物的激烈变化，经过激烈变化，矛盾得到解决，又"复归"到它的起点，"根"。"归根曰静，是谓复命，复命曰常。""复归"的起点，"根"，是事物运动的静态，事物运动从静态到动态，又回到静态，这叫"复命"。"命"，指运动，指事物运动从静态到动态，又返回静态的这一过程。"复归"的这一过程，叫做"常"，是一种普遍性规律。

末节讲"知常曰明，不知常，妄作，凶。知常容。容乃公，公乃全,全乃天,天乃道,道乃久,没身不殆”。认识规律是“明”,不认识规律,轻举妄动,一定碰壁。认识规律才能使主观行动与客观运动相合,终生不致失败。认识规律的重要性和作用是非常关键的。

老子说:

做到极端虚心,保持笃实冷静,万物普遍运动,我以之观察其往复。

事物激烈变化,各返回其起点。返回起点是静态,这叫一个往复的全过程。事物运动的往复过程是规律。

认识规律是明,不认识规律轻举妄动,一定碰壁。认识规律乃能使主观行动与客观运动相合;主观与客观相合乃能公正;公正乃能全面;全面乃能符合自然;符合自然乃能符合“道”;符合“道”乃能长久,终身不致失败。

十七章 四种统治人物

太上，下知有之。
其次，亲而誉之。
其次，畏之。
其次，侮之。
信不足焉，有不信焉。
悠兮其贵言。功成事遂，百姓皆谓我自然。

从人民的角度描述了四种统治人物。

按“大道”执政的统治者，“太上，下知有之”。人民知道他的存在。

“太上”，以“大道”执政。吴澄说：“太上犹言最上，最上谓大道之世，相忘于无为。”“道常无为而无不为，侯王若能守之，万物将自化”，“道”常适应矛盾而不带上主观随意性，就没有做不成功的，侯王如能遵守这一原则，万物就会自动服从了。“处上而民不重，前而民不害，是以天下乐推而不厌”，是“下知有之”也。这是“守道”侯王“能辅万物之自然”的“无为”政治。

“其次，亲而誉之。”其次的“大道废，有仁义”，人民还亲近而赞颂他。

“其次，畏之。”其次的“大道废”，亦不有仁义矣，故“畏之”。

“其次，侮之。”更其次的，则施暴政矣，人民就咒骂他。

“信不足焉，有不信焉。”不足以值信啊，人民就有不信任的。

“悠兮其贵言。功成事遂，百姓皆谓我自然。”对按“大道”执政的统治者，翼翼深谋，不轻于发号施令，事情办成了，百姓都说：“我们本来是这样的。”这就实现了老子的政治观。

老子说：

按“大道”执政的统治者，人民知道他的存在。

其次的，人民还亲近而赞颂他。

其次的，人民咒骂他。

不足以值信啊，人民就有不信任的。

[按“大道”执政的统治者，]不轻于发号施令，事情办成了，百姓都说：我们本来是这样的。

十八章 道、儒殊途同归

大道废，有仁义；智慧出，有大伪；六亲不和，有孝慈；国家昏乱，有忠臣。

《礼记·礼运篇》说："大道之行也，天下为公。选贤与能，讲信修睦，故人不独亲其亲，不独子其子，使老有所终，壮有所用，幼有所长，矜、寡、孤、独、废疾者皆有所养。男有分，女有归，货恶其弃于地也，不必藏于己……是故谋闭而不兴，盗窃乱贼而不作，故外户而不闭，是谓大同。"这正是禹以前的原始氏族公社，没有阶级，没有剥削，财产公有阶段的描述，是"大道"运行之世的理想化境界。

《礼运篇》又说："今大道既隐，天下为家，各亲其亲，各子其子。货力为己，大人世及以为礼，城廓沟池以为固，礼义以为纪，以正君臣，以笃父子，以睦兄弟，以和夫妇，以设制度，以立田里，以贤勇知，以功为己。故谋用是作而兵由此起，禹、汤、文、武、成王、周公由此其选也……是谓小康。"天下为家，财产私有，成了阶级社会。传贤的"禅让制"为传子的世袭制所取代，国家从此产生，奴隶制乃作为一种政治经济形态出现在历史的舞台上。如果说《礼记·礼运篇》是儒家文化对原始公社转变为奴隶社会的理想记载和描述，那么《道德经》在这里就是对同一问题从反面的理想记载和描述。

“大道废隐”,“天下为公”的理想化的原始公社已转变为“天下为家”的奴隶社会,这是两家的完全共识。“天下为公”的“大同”世界,是人类共同的向往,人类发源于此,经过螺旋的曲折上升,终究又将回到它的起点,进入一个无限美满的境界。中国特色社会主义正是为这个美满境界创造条件的,从“小康”反回“大同”是中国社会发展的必然,我们为此奋斗,期望达到这一天。

“各亲其亲,各子其子。货力为己,大人世及以为礼,城廓沟池以为固,礼义以为纪,以正君臣,以笃父子,以睦兄弟,以和夫妇”,是“有仁义”矣。“设制度”、“立田里”、“贤勇知”、“功为己”、“谋用是作而兵由此起”,是“智慧出”矣;“君臣”求“正”,求“有忠臣”,则“有大伪”,“国家昏乱”矣。父子、兄弟、夫妇之情求其笃实、和睦;求“有孝慈”,则“六亲不和”矣。可见道儒思想并无二致,一个从正面言而救之,一个从反面言而救之,如此而已。反面言救,更至赜深邃,“其辞难知”,此所以历遭误解厉责也。

老子说:

“大道”废弃,才有仁义;智巧出现,才有大伪;六亲不和,才有孝慈;国家昏乱,才有忠臣。

老子反对仁义智慧,反对做忠臣孝子,岂诚如此哉?“天下殊途而同归,一致而百虑”,道、儒之谓也。

十九章 返朴还真，保持淳朴

绝圣弃智，民利百倍；绝仁弃义，民复孝慈；绝巧弃利，盗贼无有。

此三者以为文不足，故令有所属：见素抱朴，少私寡欲。

春秋无义战，无不由智者游说圣者——当权的侯王取得信任，驱使奴隶平民服役，灭国绝世，扩充疆域，成为大国。兵卒死亡无数，百姓流离失所，弥不由此。

“齐、晋、秦、楚其在成周微甚，封或百里，或五十里。晋阻三河，齐负东海，楚介江淮，秦因雍州之固，四国迭兴，更为伯主，文武所褒大封，皆威而服焉。”（《史记·十二诸侯年表》）

在老子眼里的“圣”、“智”，应是当时朝廷的统治人物，不失为王子朝之流。王子朝之乱，使老子已无法继续任职，乃不得不引退。他说：“功遂身退，天之道。”

“‘周景王爱王子朝，欲立之，会崩（公元前520年），子丐之党与之争立，国人立长子猛为王。王子朝因旧官百工之丧职秩者以作乱，攻杀猛。’单子、刘子得晋国的援助，立敬王，王子朝亦自立为王。周室两派贵族进行武装斗争，打来打去，打了五年。公元前516年，晋师大举入周，‘召伯盈逐王子朝。王子朝及召氏之族、毛氏得、尹氏固、南宫嚣奉周之典籍以奔楚’。

王子朝还发表了一篇冠冕堂皇的文告，声明他为周之礼制作斗争，以求取得诸侯的援助。王子朝虽然逃奔楚国，但周室两派贵族的政治斗争仍继续下去。十一年后，王子朝之徒复作乱，两派贵族又打了三年。总观周室这次内乱，前后十八年，才告平息。据此以推，老子'见周之衰'是目见这一次周室的内乱，故老子去周的时间，大概在公元前520年至公元前516年之间，尤其是公元前516年，可能性最大。因为王子朝把'周之典籍'带到楚国去了，而老子为周之征藏史，他所管的史籍也会被王子朝带走，因此他被免职归陈或辞归陈（免而归居）。"（詹剑峰：《老子其人其书及其道论》，华中师范大学出版社2006年版，第18—19页）老子身受其害，不免感慨系之，那是完全可以想象的。

"绝圣弃智"，就是说要抛弃为"为大盗守"的"创制立法"的所谓"圣"者和为"大盗积"的"舞巧弄诈"的所谓"智"者。庄子说："世俗之所谓知者，有不为大盗积者乎？所谓圣者，有不为大盗守者乎？"周王不过是为"大盗守"者而已。"故绝圣弃知，大盗乃止。"（《庄子·胠箧》）蒋锡昌说："圣者创制立法，智者舞巧弄诈。"王子朝争立为王正是有权"创制立法"，其为"周之礼制作斗争"的文告正是"舞巧弄诈"的范例。闵马父闻子朝之辞，曰："文辞以行礼也。子朝干景之命，远晋之大，以专其志，无礼甚矣，文辞何为？"

"文"，《尚书·禹贡》："三百里揆文教。"孔传："揆，度也，度王者文教而行之。""见素抱朴"，"见"，看见，恢复也；"抱"，保持也。那是返朴还真使有所从属的补充。从当时的史实来看，我们有理由认为这是老子身受其害的感慨之言。而查此章正是简本《老子》甲篇一章一节，是老子的遗言为后学所记录的零简碎牍中搜集整理而来,虽字略有移易而不异其旨。

老子说:

抛弃“创制立法”的圣者和“舞巧弄诈”的智者,对人民有百倍的好处。抛弃那些假仁假义,民复孝亲爱子,乐享天伦。抛弃使巧用计,盗贼不会产生。

抛弃圣智、仁义、巧利这三方面作为文化教育是不够完备的,需要有所补充。所以为了使之有所从属,恢复保持朴素的本性,减少私心邪欲。

在老子看来,周王朝的内乱出于贵族的私心邪欲,故倡导返朴还真。

二十章　道家的反思

绝学无忧。

唯之与阿，相去几何？善之与恶，相去若何？人之所畏，不可不畏，荒兮其未央哉。

众人熙熙，如享太牢，如春登台。我独泊兮其未兆，如婴儿之未孩。儽儽兮若无所归。

众人皆有余，而我独若遗。我愚人之心也哉！沌沌兮！

俗人昭昭，我独昏昏！俗人察察，我独闷闷！

澹兮其若海，飂兮无所止。

众人皆有以，而我独顽似鄙。

我独异于人，而贵食母。

老子学说到杨朱和黄老学派形成之前，流行不广，了解的人不多。所谓“吾言甚易知，甚易行。天下莫能知，莫能行”也，自以为是“知我者希”，“被褐怀玉”，而儒家仁义学说有所传播。这里是老子学派对这一形势的忧虑和深思。

“绝学无忧”，承上章“绝仁弃义”言之，就是绝弃仁义学说没有忧患。在20世纪以及19世纪末叶，对于“发展原则”，“大家已经同意”，而黑格尔认为“这种表面的、未经过深思熟虑的、偶然的、庸俗的‘同意’，是一种窒息真理、使真理庸俗化的同意”(引自列宁《哲学笔记》)。看来我国春秋战国对于抛弃仁义学说所表现的态度,也许就是如此。

“唯之与阿”,“唯之”,应诺也,表示赞成;“阿”,通“诃”,帛书甲本如此,责怒也,表示反对。“善之与恶”,“善之”,顺心也,表示肯定;“恶”,逆心也,表示否定。“唯之与阿,相去几何?善之与恶,相去若何?”就是说赞成、肯定“绝学”与反对、否定“绝学”,如果未理解命题的实质,相去是不远的。

“荒兮其未央哉”,“荒”,荒远也;“未央”,无尽也,意为无论何处,无不如此也。“熙熙”,和乐貌。“享太牢”,古代祭祀牛、羊、豕三牲全备为“太牢”,引申为盛宴。这就是享受盛宴。“我独泊兮其未兆”,“泊”,淡泊也;“兆”,朕兆,迹象也。意为对仁义学说没有一点“熙熙”之情。“儽儽兮若无所归”,“儽”,通累,“累累”,联贯重迭貌,《礼记·乐记》:“累累乎端如贯珠。”引申为联贯沉思之意。“遗”,“有余”的对文,意为失。“昭昭”,昭彰。《孟子·尽心下》:“贤者以其昭昭,使人昭昭。”“昏昏”,“昭昭”的对文,暗昧也。“察察”,明察也。“闷闷”,“察察”的对文,闷塞也。“澹兮其若海”,“澹兮”,沉静貌。大海纳百川所以取象虚心听议也。“飂兮无所止”,“飂兮”,飘动貌,所以取象浮想也。“以”,因由,故也。“顽似鄙”,“顽”,愚顽也;“鄙”,本指郊野,所以取象蒙昧未开化也。“贵食母”,“贵”,重也;“食”,“生吞活剥地毫无批判地吸收”,是食,“经过自己的口腔咀嚼和胃肠运动,送进唾液胃液肠液,把它分解为精华和糟粕两部分,然后排泄其糟粕,吸收其精华”,也是食。那么,“食”有认识的意思,“母”指“道”,“天下有始,以为天下母”,是也。

河上公注:“食,用也;母,道也。”吴澄说:“我之所贵者,则大道之玄德也。玄德者,万物资之以养,所谓万物之母也,故曰‘食母’。”

老子说:

绝弃仁义学说没有忧患。

赞成与反对,相去多少呢?肯定与否定,相去多少呢?

(畏惧绝弃仁义学说会产生忧患。)人们所畏惧的,那是不可不畏惧的。荒远无际,无不如此呢!

(对仁义学说)众人高兴,如享用盛宴,春日登台赏景。我独淡然无动于衷,好像不知笑的婴儿。联贯地沉思好像没有依归。

众人都有余,我独有所失。我真是愚人的心啊,混混沌沌的。

俗人昭彰,我独似暗昧啊;俗人明察,我独紊乱。

飘忽如大海,汪洋若无止。

众人都有故,我独愚顽好似未开化。

我独异于人而重视认识“道”。

二十一章　“道”的物实性，认识在于科学抽象

孔德之容，唯道是从。

道之为物，惟恍惟惚。惚兮恍兮，其中有象；恍兮惚兮，其中有物。窈兮冥兮，其中有精；其精甚真，其中有信。

自今及古，其名不去，以阅众甫。

吾何以知众甫之状哉？以此。

主旨首先讲“道”和“德”的关系，肯定“德”的内容在于依从“道”，而且只依从“道”。

“孔德”，普遍性经验。“容”，内容。即恍惚窈冥中的“精”、“真”、“信”是也。

惚恍、恍惚，形象模糊貌，是古代对抽象这一概念的描述。

“象”，形象。十四章“无物之象”是也。

“物”，物实也。公孙龙说：“物以物其所物而不过焉，实也。”（《公孙龙子·名实论》）是更深刻、更正确、更完全地反映自然的东西。

“窈兮冥兮”，深远难见貌，是古代对抽象这一现象的另一种描述。

这就是“道”的抽象性，强调抽象中“有象”、“有物”、“有

精”,“其精甚真,其中有信”。

列宁说:“当思维从具体的东西上升到抽象的东西时,它不是离开……真理,而是接近真理。物质的抽象,自然规律的抽象,价值的抽象及其他等等,一句话,那一切科学的(正确的、郑重的、不是荒唐的)抽象,都更深刻、更正确、更完全地反映着自然。”(列宁《哲学笔记》)

“自今及古”,帛书甲、乙本如此,傅奕本、范应元本正同。今从之。王弼本、河上公本作“自古及今”,误。“古”、“去”、“甫”三字协韵,是。“自今及古”,是“御今之有,能知古始”的另一种表述,是“从有返无”的一个认识过程。

“其名不去,以阅众甫”,“阅”,观察;“众甫”,王弼注:“众甫,物之始也。”

列宁、老子他们的语言和思想是多么相近和一致呢!

老子说:

普遍性经验的内容,只依从“道”。

“道”这个东西是抽象的。虽然很抽象,其中却有形象;虽然很抽象,其中却有物实;虽然深远难见,其中却有精气;这精气很真实,其间可信验。

从当前的具体事物认识到自古以固存的“道”,它的名字是不可磨灭的,可以之观察万物的本始。

我怎么知道万物本始的情状呢?就是应用这个方法。

二十二章　穷局部则知全体

曲则全，枉则直，洼则盈，敝则新，少则得，多则惑。是以圣人抱一为天下式。

不自见故明，不自是故彰，不自伐故有功，不自矜故长。夫惟不争，故天下莫能与之争。

古之所谓“曲则全”者，岂虚言哉，诚全而归之。

主旨论认识的非直线性。“曲则全，枉则直”，“曲”，致曲也。《四书·中庸》：“其次致曲。”朱熹注：“致，推致也；曲，一偏也。”对局部研究而造其极也，“曲无不致”，则全矣。这是对认识论说的。“枉”、“直”互相对待，“枉”，弯曲，指弯路；“直”，直路。则是经过走弯路就认识了直路。“洼则盈，敝则新”，“洼”，谷也，取其中虚可以盈物；“敝”，陈旧，取其陈旧可以更新。则是中虚则能盈物，陈旧则能更新。“少则得，多则惑”，“少”，自少，自以为不足，谦虚也；“多”，自多，自以为了不起，自满也。则是自少反而受益，自满反而迷惑。“是以圣人抱一为天下式”，“抱”，合也；“式”，法式，典式，引申为准则。则是圣明的统治者保持思想与“道”相合作为天下准则。

“不自见故明，不自是故彰”，“不自见”，不只看到自己。庄子说：“物无非彼，物无非是，自彼则不见，自知则知之。”

(《庄子·齐物论》)故必自是观彼,自彼观是,知彼知是,则全矣。“不自是”,不自以为是所以昭彰。“不自伐故有功,不自矜故长”,“伐”,夸,即吹嘘;“矜”,骄,即自负。则是不自吹嘘其功不失,不自骄矜所以见长。这确是智慧的名言。没有丰富的生活经验和深湛的辩证法思想,是不足以及此的。

“夫惟不争,故天下莫能与之争”,“不争”,如前所述,“事善能,动善时”,条件许可,瓜熟蒂落,水到渠成,天下谁能与之争呢?

老子说:

穷局部则知全体,走弯路则知走直路,中虚则能盈物,陈旧则能生新。谦虚则受益,自满则迷惑。因此圣明的统治者保持思想与“道”相合作为天下准则。

不只看到自己,所以看得分明;不自以为是,所以是非昭彰;不自我吹嘘,所以不失其功;不自负才能,所以见长。正因为不超越可能和时机去做那些实在做不到的事,所以没有谁能与之相争。

古人所说穷局部则知全体,难道是空言吗?实在能使人得到全面的认识呢。

二十三章 说话要恰如其分

希言自然。

故飘风不终朝，骤雨不终日。孰为此者？天地。天地尚不能久，而况于人乎？

故从事于道者，道者同于道；德者同于德；失者同于失。

同于道者，道亦乐得之；同于德者，德亦乐得之；同于失者，失亦乐得之。信不足焉，有不信焉。

主旨对“守中”思想的进一步发挥。

“希言自然”，“希言”，少说话。亦“行不言之教”，“多言数穷”之义。少说话就是要恰如其分，无过与不及，从事物运动的量的关系上把握其一定的质，“守中”而已，岂在多言哉？故曰：“希言自然”也。

何以要“希言”呢？

“飘风不终朝，骤雨不终日”，“飘风”，狂风。吴澄说：“飘，狂疾也。”“骤雨”，吴澄说：“骤，急暴也。”

何以要“希言”呢？天地的狂风暴雨，尚不能持久，又何况人呢？一定的量决定一定的质，“多言”或过或不及，则“正复为奇，善复为妖”，已非其质矣。

何以“希言”呢？

对合于“道”，合于“德”的，对不能与“道”“德”相合的，指出其“合”与“失”而已矣。

老子说：

少说话是合于自然的。

狂风刮不到一早晨，暴雨下不到一整日。谁使它这样的？是天地。天地尚不能持久，又何况于人呢？

所以从事于“道”的，合于“道”；从事于“德”的，合于“德”；从事而失“道”、失“德”的，合于失。

合于“道”的，“道”也乐于相合；合于“德”的，“德”也乐于相合；不合于“道”、“德”的，“道”、“德”也乐于不合。

不足以值信啊，就有不信任的。

二十四章　有“道”者所不取

企者不立，跨者不行；自见者不明，自是者不彰；自伐者无功，自矜者不长。

其在道也，曰余食赘行。物或恶之，故有道者不处。

主旨以“企者不立，跨者不行”、“余食赘行”来比喻“自见”、“自是”、“自伐”、“自矜”之不合于“道”。这些从“道”的观点来看，是“骈于足者，连无用之肉也；枝于手者，树无用之指也”，是“多方于聪明之用也”（《庄子·骈拇》）。这是有“道”的人所不取的。

老子说：

踮起脚跟的人站不稳，跨步前进的人走不远，只看到自己的人看不明，自以为是的人是非不清，自我吹嘘的人无功，自负才能的人不见长。

这些从“道”的观点来看，叫剩饭赘瘤，谁都厌恶它，所以有“道”的人不这样做。

二十五章　“道”、天、地、人相生相法

有物混成，先天地生。寂兮寥兮，独立不改，周行而不殆，可以为天下母。

吾不知其名，字之曰道，强为之名曰大[一]，大[一]曰逝，逝曰远，远曰反。

故道大，天大，地大，王亦大。域中有四大，而王居其一焉。

人法地，地法天，天法道，道法自然。

一章断言：无更广泛的名称道的东西是产生天地的本始。这里进一步归结为混然一体的“物”。混然一体的“物”，应该说是宇宙的原始状态、最初状态。

那么，“物”即“道”，是从万物的抽象取得的认识。万物是生物和无生物，生物和无生物是物，是抽去一切规定、一切形式所剩下的混然一体的东西，就是不规定、无形式的物质。老子是从名学义蕴推演归纳取得的认识。天下之物是生物和无生物，生物和无生物是物，荀况叫做“推而共之，共则有共，至于无共然后止”（《荀子・正名》）。“物”是“无共”的广泛已极的名，无更大的名可以称道，是先于天地就存在了的。墨翟叫做“名，物，达也，有实必待之名也”（《墨子・经说上》），指反映普遍性最高的类概念，可知都是对老子“无名”之体悟解读也。

长沙马王堆三号汉墓出土帛书《老子》甲本附录《伊尹·九主》说:“天企(法)无[名],复生万物,生物,不物,莫不以名,不可为二名,此天企(法)也。”(《文物》1974 年第 11 期)“天企(法)”就是“道”。这是说“道”是无更广泛的名称道的物,反复变化转化产生万物,万物是生物,无生物(不物)。生物、无生物,物也,无不可给以更广泛的名。唯物是广泛已极的名,不可给出第二名了,这就是最高的物类,物,物质,这就是“道”。这是直接对老子“无名”、“有名”、“名”的确切诠释和从天下万物,生物,无生物,按名学规定逻辑地推导出“道”的,就确切无误了。

“寂兮寥兮”,王弼注:“寂寥,无形体也。”是无具体的规定和形式的东西。

“独立不改”,是客观存在不因人的意志而改变的。“周行而不殆”,“殆”通“怠”,息也,周普运行而不息也。

“可以为天下母”,可以是产生天下万物的母亲。

“吾不知其名,字之曰道,强为之名曰大[一]。”我不知它的类名。物,物质是认识论的根本概念,最高概念,不可以下定义是没有类名的,勉强地称之为“大一”。简本《老子》有《大一生水》篇。“大一”即“道”。《庄子·大宗师》曰:“夫道……在太极之先而不为高,在六极之下而不为深,先天地生而不为久,长于上古而不为老。”故“强为之名曰大[一]”。是原有“一”字也。

“大[一]曰逝,逝曰远,远曰反。”王弼注:“逝,行也。”吴澄说:“逝谓流行不息。”“远曰反”:统一物分解,引起了性质的变化。“远”,向对立面转化,“反”了。“反”,简文本字如此。《释文注释》作“返”。可能从“返也者,道之动也”释。“返也者”的

“返”当从此作“反”。“在赫拉克利特看来，世界的基本规律……是‘向对立面转化的规律。’”（列宁《哲学笔记》）向对立面转化为“反”，非“返”也。老子同赫拉克利特一致。

“故道大，天大，地大，王亦大。域中有四大，而王居其一焉”，就是说“道”是伟大的，天是伟大的，地是伟大的，“王”，当指人中之圣王，即思想家言之，非一般执政之王也，人中之圣王也是伟大的。

宇宙中有四大，圣王是其中之一。唯人中之圣王，思想家方足以当之。

“人法地，地法天，天法道，道法自然”，人承地之法则，地承天之法则，天承“道”之法则，“道”以自然的本然为法则。老子认为天下之物生于“道”而皆统一于“道”，这里就蕴含着“道”、天、地、人次第相生之义，故次第相法也。前称“四大”举“王居其一焉”，更迭相法举“人”而不言“王”，则“法”有自然传承之义也。“非谓地、天、道亦如职官之按班分等、更迭仰承而不容超资越序以上达也。”（钱钟书《管锥编》）

“道法自然”，“道”产生天、地、万物和人类，“自然”，此客观存在的整体的物质自然世界也。“天地”、“万物”、“百姓”、“刍狗”、“天地之间”、“橐籥”、“有”、“无”、“道”、“德”等等，形而上下的万有，无不为自然。庶人稼穑，“生之，畜之”，要完全符合庄稼生长发育的自然规律，是“道生之”；其认识出于经验的积累，是“德畜之”，无不取法于自然。“道生之”有两种，纯自然状态和取法自然状态，人唯取法自然而已矣。“自然”，天地自然的本然而已也。当代的航天航空技术，无不要取法自然，无不是自然法则的联接和运用。“廓四方，拆八极，高不可际。”“在屎溺”，不能污染太空，都是必须解决的问题，等等，无不是科学的严肃课题。在这里不能有一星半点的妄作，全要合乎自然法则，故曰“无为而无不为”也。

老子说：

存在着混然一体的物质，先于天地产生，无形无常，客观存在，不因人的意志而改变，可以是产生天下万物的母亲。我不知它的类名，表字曰“道”，勉强地给它命名叫做“大一”，大一能运动，运动到极致，“远”，向对立面转化，“反”了。

“道”是伟大的，天是伟大的，地是伟大的，人中之圣王，思想家也是伟大的。

宇宙中有四大，而人中之圣王是其中之一。

人承地之法则，地承天之法则，天承“道”之法则，“道”以自然的本然为法则。

吾曰：老子科学的哲学，哲学的科学也，信乎！

二十六章　慎重冷静的重要性

重为轻根，静为躁君。

是以圣人终日行不离辎重，虽有荣观，燕处超然。

奈何万乘之主而以身轻天下？

轻则失本，躁则失君。

主旨讲慎重冷静的重要性。慎重可克轻心，冷静可制急躁。无论做什么事情，都是应当注意的。

“重为轻根，静为躁君”，《韩非子·喻老》：“重则能使轻，静则能使躁。”王先谦说：“重可御轻，静可镇躁，使之谓也。”“使”，“御”，克也；“镇”，制也；“重”，慎重，当心也；“轻”，轻心，不经意也。“静”，冷静；“躁”，急躁也。是慎重可克轻心，冷静可制急躁也。

“是以圣人终日行不离辎重”，“圣人”，圣明的统治者喻“万乘之主”对于慎重、冷静的更为重要。“辎重”，载重车辆，军用器械粮草等的总称。《史记·淮阴侯列传》：“从间道绝其辎重。”“不离辎重”，亦“备物而后动，盖所以为慎重也”（《新唐书·仪卫志》），这是比喻对待无论做什么事情都取慎重态度的意思。整天行军，不离开载重的车辆，取其有备可以应敌，所以昭慎重也，这是比喻做实事说的。

“虽有荣观，燕处超然”，“荣”，荣宠；“观”，瞻观。曹丕《与吴质书》：“无众星之明，假日月之光，动见瞻观，何时易乎？”是“瞻观”即声望。“燕处”，闲居貌，泰然处之也；“超然”，超脱貌，不自我陶醉，则是虽享有荣宠瞻观，泰然处之而不陶醉也。亦“不自见，不自是，不自伐，不自矜”，“知其荣，守其辱”，所以昭冷静也。这是对律己修养说的。因为一个人骄矜自满，则不能接受新鲜事物，认识来源就枯竭了。

“奈何万乘之主而以身轻天下”，为什么身为大国的君主对天下事却掉以轻心呢？

“轻则失本，躁则失君”，“本”，亦“根”也。《永乐大典》本正作“根”。“根深柢固”，则不可动摇，引申有镇定义。“君”，主宰也。“以身为天下”的“万乘之主”，寄托天下重任，更要慎重冷静，是一点也不能轻心急躁的。轻心则失去镇定，急躁则失去主宰。

老子说：

慎重可克轻心，冷静可制急躁。

因此“君子”整天行军不离开载重的车辆；虽享有荣宠声望，泰然处之而不陶醉。

为什么身为大国的君主对天下事却掉以轻心呢？

轻心就失去镇定，急躁就失去主宰。

二十七章　顺应常道

善行无辙迹，善言无瑕谪，善数不用筹策，善闭无关楗而不可开，善结无绳约而不可解。是以圣人常善救人，故无弃人；常善救物，故无弃物。是谓袭明。

故善人者，不善人之师；不善人者，善人之资。不贵其师，不爱其资，虽智大迷，是谓要妙。

主旨是“袭明”思想的阐述。

什么是“袭明”呢？奚侗说：“‘袭’，因也。‘明’即十六章及五十五章‘知常曰明’之‘明’。‘袭明’谓因顺常道也。”

“善行无辙迹”，释德清说：“辙迹，犹言痕迹。”比如打仗，“因顺常道”，前行的敌军有后随，则轻嘘而引走之；后随的成了孤军，则用一股重风把它吹掉；强敌则挫败之；弱敌则歼灭之。如此行动，则不留痕迹矣。

“善言无瑕谪”，范应元说：“瑕，玉病也；谪，罚也，责也。”比如说话，“行不言之教”，“希言自然”，无过与不及，从事物运动的量的关系上把握其一定的质，恰如其分，则无失可以指责矣。

“善数不用筹策”，“筹策”，古代计数的筹码。

“善闭无关楗而不可开”，“关楗”，闩门的横木和竖木所组成的机构。董思靖说："楗，拒门木也，横曰关，竖曰楗。"

"善结无绳约而不可解"，"绳约"，绳索。吴澄说："绳约，索也。合之成体曰绳，用之而束物曰约。"

善于计算不使用筹码，善于关闭不用闩梢而门不可开，善于束缚不用绳索而人不能解。

"是以圣人常善救人，故无弃人；常善救物，故无弃物。是谓袭明。""袭明"，释德清说："承其本明，因之以通其蔽，故曰袭明。""因顺"即顺应。

善于挽救人从而无不可救药的人，善于挽救物从而无不可用之物，这就是顺应常道。

"故善人者，不善人之师；不善人者，善人之资。不贵其师，不爱其资，虽智大迷，是谓要妙。"所以"善人"是"不善人"的老师，不善人是善人的借鉴。不贵重从师，不珍惜借鉴。虽自以为聪明其实是大迷惑，这就是"窍妙"。

"动合无形"，"应物变化"，"因循为用"，"在所欲用耳，何事不成？"（司马谈《论六家要旨》）

以此"去观照人与物，了解人各有才，物各有用。而做到人尽其才，各因其性以造就，所以说：'常善救人''无弃人'；且做到物尽其用，顺物之性以展现其功能，所以说：'常善救物''无弃物'"（陈鼓应《老子注译》引述）。"善人"有"善人"之用，"不善人"也有"不善人"之用。在于学习，在于借鉴。此"圣人"之所以待人接物、救世救人之胸怀也。

老子说：

善于行动不留痕迹，善于说话无失指责，善于计算不用筹码，善于关闭不用闩梢而门不可开，善于束缚不用绳索而人不能解。

因此“圣人”总是善于挽救人从而无不可救药的人，总是善于挽救物从而无不可用之物，这就是顺应常道。

所以“善人”是“不善人”的老师，“不善人”是“善人”的借鉴。不贵重从师，不珍惜借鉴，虽自以为聪明，其实是大迷惑，这就是“窍妙”。

二十八章　认识论三要点，“守雌”、“守黑”、“守辱”

知其雄，守其雌，为天下溪。为天下溪，常德不离，复归于婴儿。

知其白，守其黑，为天下式。为天下式，常德不忒，复归于无极。

知其荣，守其辱，为天下谷。为天下谷，常德乃足，复归于朴。

朴散则为器，圣人用之，则为官长。

故大制不割。

老子提出了有关战争和认识论的多种思想，这里作出新的概括，给予系统化，形成认识论的完整的体系，反复论及之，可谓至矣，尽矣，不可以加矣。

本篇三十章上段和中段，讲对战争采取极端慎重的态度，“不以兵强天下”，“果而勿强”。这里从“强”作出新的提法，引入“雄”的概念，曰“知其雄”。“雄”，强也，“果而勿强”，是知其强也，而不以取强，取之纳入认识论的范畴。

本篇五十五章讲具有厚德的人，“比于赤子”，“骨弱筋柔”，而拳头握得很紧，未知男女交合而小生殖器勃起，精力旺盛极了。从"弱"、"柔"作出新的提法,引入"雌"的概念,曰:"守其雌"。"雌",弱也,柔也,"终日号而不嗄,和之至也"。

本篇十五章讲"混兮其若浊","浊以静之徐清"。"浊"则"昧",昧则"辱(黷)"。故老子又说:"明道若昧","大白若辱(黷)"。"清"则"明",清明则"大白"。辱借为"黷",黑也。于是从"辱"作出新的提法,引入"黑"的概念,曰"守其黑"。

本篇十三章讲"宠辱若惊",把受宠同受辱一样看待,"宠"有"荣"义,从宠作出新的提法,引入"荣"的概念,曰"知其荣,守其辱","辱"就取本义了。

于是得出认识论的三个要点,曰"守雌"、"守黑"和"守辱",都是源出于老子的。可以看出,这些遣词,一词多义或一义多词,信手拈来,自然变化成趣,令人寻思而玩味无穷也。

"守雌",这是说要"混兮其若浊",有一颗婴儿之心,因为一个人在婴儿时期,"无知无欲",私窦未开,是最淳朴不过的。老子以之喻说理想的心态,而最低也要求"少私寡欲"。"民少欲则血气治而举动理"(《韩非子·解老》),举动理,则"常德不离"矣。

老子这一思想,后继诸大师都是很讲究的。

"复归于婴儿",则"全性保真,不以物累形"(《淮南子·氾论训》)矣,这是杨朱。

"复归于婴儿",则"不以物乱官,不以官乱心"(《管子·内业》)矣,这是宋钘。

"复归于婴儿",则"心平体正"(《吕氏春秋·审己》注)矣,这是关尹。

"复归于婴儿",则"清明内景"(《荀子·解蔽》)矣,这是荀况。

"守黑",这是说要"混兮其若浊",有一颗"知不知"的"自少”之心，“上德若谷”，在己无居，乃能“无常心，以百姓心为心”，兼听则“常德不忒”矣。

这在荀况，就是“浊明外景”（《荀子·解蔽》）。

在韩非就是“溶若甚醉”（《韩非子·扬榷》），都是本于老子的。

“守辱”，这是说要“功成而不居”，有一颗“人宠辱若惊”之心。因为思想淳朴，虚怀善听，则得事理。“夫缘道理以从事者，无不能成。”从事无不成功，则不免“化而欲作”，是“人有欲”。“人有欲则计会乱，计会乱而有欲甚，有欲甚则邪心胜，邪心胜则事经绝，事经绝则祸难生。”（《韩非子·解老》）因此，要求“燕处超然”，以“卑辱”看“荣宠”，“复归于朴”，乃能使认识推移发展，永远立于不败之地，则“常德乃足”矣。

老子说：

自知强雄，保持柔雌，作为天下沟溪。作为天下沟溪，“常德”不会偏离，回复到婴儿一般的心境。

自知明白，保持浊黑，作为天下准则。作为天下准则，“常德”不会偏失，回复到无穷极。

自知荣宠，保持卑辱，作为天下川谷。作为天下川谷，“常德”乃足，回复到淳朴的境界。

朴素的“道”发展为万物，“圣人”应用这一认识，成为官长。

这一伟大的认识论的法式是颠扑不破的。

从此，由易顺鼎提出的“守其黑”二十三字显然后人窜入之说的问题，就有待重新审议了。

马叙伦《校诂》引易顺鼎说：“此章有后人窜入之语。《庄子·天下篇》引无‘守（误作知）其黑’至‘知其荣’二十三字，盖老子原文。老子本以雌对雄,以辱对白,后人不知辱为黑义,以辱对白为自周至汉古义。此其窜改之迹显然者一也。‘为天下溪’,‘为天下谷’,溪谷同意,皆水所归,‘为天下式’,则与溪谷不类。其显然者二也。王弼已为‘式’字等作注,则窜改已在魏晋之间。”

从《庄子·天下篇》所引看来是凭记忆摘录。“守其黑”句段不计,其遗漏非只二十三字。按原文“为天下溪”后还裁省“为天下溪,常德不离,复归于婴儿”十三字,“为天下谷”后还裁省“为天下谷,常德乃足,复归于朴”十二字。如以帛书本为准,还要加上重出的“常德不离”、“常德乃足”、“常德不忒”十二字。帛书文字更接近简本,其出现弥足珍贵。然其传抄讹字,省字,假借,错简,衍文,较其他本更多。因此,可以衍文视之。然则,按通行本“守雌”、“守辱”两句段计,实缺原文四十八字。可见《天下篇》所引亦非《道德经》固有原貌。“老子本以雌对雄,以辱对白,后人不知辱为黑义,以辱对白为自周至汉古义”,“人宠辱若惊”,以辱对宠,辱,耻也,不亦《道德经》所遗旧文之本义古义乎?

“雌”、“溪”、“离”、“儿”,“黑”、“式”、“忒”、“极”,“辱”、“谷”、“足”、“朴”,取其异义韵相协也,非取其同意相类也。能同则同,需异则变,如行云流水,此《道德经》之所以为文也。“雄”、“雌”、“黑”、“荣”,无一字非老子旧文;“雄”源于“强”,“雌”源于“弱”、“柔”,“黑”源于“浊”、“昧”、“辱”,“荣”源于“宠”,而皆源于老子旧文,这不是很明白的吗?

高亨亦主易、马说,在其《正诂》中列六证以明之。其五证曰:“《淮南子·道应》篇引《老子》曰:‘知其雄,守其雌,为天下溪。’又引《老子》曰:‘知其荣,守其辱,为天下谷。’而未引‘知其白，守其黑，为天下式'句，盖淮南所见本无此句也。且其所引'知其荣，守其辱'，原作'知其白，守其辱'。今作荣者，妄人依误本《老子》改之耳。其文曰：'文王砥德脩政三年，而天下二垂归之。纣闻而患之，拘文王于羑里，文王归，乃为玉门，筑灵台，相女童，鼓钟鼓，以待纣之失也。纣闻之曰：'周伯昌改道易行，吾无忧矣。'乃为炮烙，剔孕妇，杀谏者。文王乃遂其谋。故《老子》曰：'知其荣，守其辱，为天下谷。'按'砥德脩政'非荣字之意，乃白字之意，白者其行洁白也。'为玉门，筑灵台，相女童，鼓钟鼓。'非辱字之意，乃黭字之意，黭者其行污黭也。文王之改道易行，正《老子》所谓'知其白，守其辱'也。若然，荣本作白，明矣。"

"文王砥德脩政"，固可释为"其行洁白"，然亦实出于其自认为"其行为荣光"也。"为玉门，筑灵台，相女童，鼓钟鼓"，不知其何以有"辱"字之意，其行何为污垢也？此文王示以玩物丧志之韬诲也。故纣闻之曰："周伯昌改道易行，吾无忧矣。"文王"乃遂其谋"。"辱"者，"文王拘羑里……乃以千金求天下之珍怪……以献于纣"。此《正诂》所未引，是诚"守其辱"哉！然则《道应训》所引"知其荣，守其辱，为天下谷"，固为《道德经》旧文，"荣"源于"宠"，非作"白"字明矣。这恰恰证明存在"知其白，守其黑，为天下式"之句，而《天下篇》引用时脱漏"守其黑，为天下式，知其荣"十字，遂使"知其白"径接"守其辱"，其余则为有意裁省，其可以论定乎！

且老子认识论思想是极其丰富的。"人法地，地法天，天法道，道法自然。"这是说人必须以客观外部世界为法。提出以身、家、乡、国、天下观察身、家、乡、国、天下的原理，这是说必须客观地观察事物。"处无为之事。"这是说必须适应矛盾而不带上主观随意性。“江海所以能为百谷王者，以其善下之，故能为百谷王。”江海处下，能纳万物，这是说必须保持谦虚的胸怀，倾听不同的意见。“学不学，复众之所过。”这是说必须向没有文化而有实际经验的人学习，走众人实际上走着的认识路程。“为道者日损，损之又损之，以至于无为。”这是说寻求事理对客观事物必须缜密分析而不能有一点主观的成分。“致虚极，守静笃，万物并作，吾以观其复。”这是说必做到极端虚心，笃实冷静，万物都在运动，我以之观察它的往复运动。事物普遍运动，其变化是绝对的，其质的稳定性是相对的，暂时的，“荡然任自然”，把握事物的质，把握事物从一种质态向着另一种质态的转变，要处之以待其往复也。“善抱者不脱。”这是说必须善于保持思想与客观外部世界的规律性不相脱离。“为而不恃，功成而弗居。”“化而欲作，吾将镇之以无名之朴。”这是说事业取得成功，必须力戒矜骄，继续保持纯朴，如此等等。老子对此非常重视，作了很多发挥和补充，特别概括强调提出“守雌”、“守黑”、“守辱”三个要点。“守雌”，“大成若缺”、“大盈若盅”、“大巧若拙”、“大成（辩）若诎（讷）”、“大直若屈”也；“守黑”，“混兮其若浊”、“明道若昧”也；“守辱”，“人宠辱若惊”也。皆源出于老子而作了新的提法。

老子说：“我有三宝，持而保之：一曰慈，二曰俭，三曰不敢为天下先。”这是对以上三个要点的进一步发挥。

“慈”，是“守雌”的表现，一种慈祥仁爱的态度。其实，就是谦逊。它是虚伪和骄矜的反面，是认识论所决定的、需要的。

“守黑”，是不自居高明，先听，不轻易表态。因为思想上还有一个酝酿分析的过程，老子把对这一过程的必要态度，称之为“混兮其若浊”。

在这里，老子又把分析概括的原理归纳在这个要点内，叫做“俭”。因为分析是从丰富的感性材料取得实质性的认识，是丰富的对举，故曰“俭”。

“不敢为天下先”是“守辱”的表现，一种不主观武断，个人说了算的守则。其实就是不“先物行、先理动”，“无缘而妄意度”，不过早地下结论。这是人们在取得一点成绩后最容易犯的毛病。“化而欲作”，沉溺于所得，自以为了不得，思想就僵化了。韩非说“万物莫不有规矩”，为了认识和适应万物的规矩，是存在一个必要的甚至是艰巨的认识过程的，是不敢先人下结论的。

如此看来，“守雌”、“守黑”、“守辱”，为《道德经》所固有，并无后人窜入之语。倘使易、马、高在，亦当不易吾言矣。

二十九章 军事思想

将欲取天下而为之,吾见其不得已。天下神器,不可为也。为者败之,执者失之。

故物或行或随,或歔或吹;或强或羸,或挫或隳。是以圣人去甚、去奢、去泰。

本篇实际上论述的是军事思想。这是老子哲学思想的应用和论证,是老子哲学思想的一个组成部分。

世界上有美就有丑,有善就有恶,无不包含着矛盾。处事则要适合矛盾,而不能带上主观随意性,这叫做“无为”。而“为之”作为“无为”的对立概念,则是“不知常”的“妄作”,是脱离实际的鲁莽行为。老子的这一原理是有着普遍意义的,是完全可以应用于军事的。

他断言将要夺取天下而鲁莽行事,就达不到目的。天下政权是不可鲁莽取得的。鲁莽行事一定失败,鲁莽而执著去干一定失败。

那么,怎样才不算鲁莽行事呢?

他说:敌军有的前行,有的后随,乃可轻嘘引之,乃可重风吹之。有的强大,有的弱小,乃可挫败,乃可歼灭。由情况规定战略战术,去掉过分要求、奢望和空想。这就是“无为”原理在军事上的应用。这是完全符合唯物论和辩证法原理的。

老子说：

想要夺取天下而鲁莽行事，我看他办不到。那天下政权，是不可鲁莽取得的。鲁莽行事，一定失败；鲁莽而执著地去干，一定失败。

那敌军有的前行，有的后随，那可轻嘘引之，乃可重风吹之；有的强大，有的羸弱，乃可挫败，乃可歼灭。因此“圣人”去掉过分要求、奢望和空想。

三十章 物壮则老，是谓不道，不道早已

以道佐人主者，不以兵强天下。其事好还。师之所处，荆棘生焉。大军之后，必有凶年。

善有果而已，不敢以取强。果而勿矜，果而勿伐，果而勿骄，果而不得已，果而勿强。

物壮则老，是谓不道，不道早已。

主旨论对战争采取极端慎重的态度。“师之所处，荆棘生焉。大军之后，必有凶年。”老子是非常热爱和平，热爱人民的。

但老子不一般地反对战争，必要时还是主张用战争解决问题，那是对正义战争来说的。“抗兵相若，哀者胜矣”，认为在一定条件下，正义战争必胜。

对于正义战争，那是出于“不得已”。善于取胜而止，不以兵力取强于天下，即使取胜，亦不矜，不伐，不骄，不强。

老子认为这是符合事物发展的总规律的。在他看来，任何事物都有其发生、发展和衰亡的过程，事物在其发生、发展的上升过程这个必然的限度，是合理的，叫做合于“道”。当事物壮大到顶点时就走向衰老，就不合于“道”，就快要死亡了。这是黑格尔“凡是现实的都是合理的”这一命题的否定提法，在黑格尔看来，“现实的属性仅仅属于那同时是必然的东西；‘现实性

在其展开过程中表明为必然性'"(恩格斯《路德维希·费尔巴哈和德国古典哲学的终结》)。这在老子,就叫"合于道","在发展过程中,以前的一切现实的东西都会成为不现实的,都会丧失自己的必然性、自己存在的权利、自己的合理性。"(出处同上)这在老子,就叫"不道"。

黑格尔说:"凡是现实的都是合理的。"

老子说:"凡是不合于生长上升之'道'的,都是注定要灭亡的。"

军事运动也一样,只有"在其展开过程中表明为必然性"时,才是现实的,不可战胜的。此用兵之不可不慎也。

老子说:

以"道"辅佐人君的人,不想用兵力强加于天下,用兵这件事反自为祸也。军队所到的地方,荆棘生长。大军过后,必有荒年。

善于取胜而止,不用兵取强。胜不自夸,胜不骄傲,胜不自大,这叫做胜不取强。

事物壮大到顶点时就走向衰老,就不合于生长上升之"道";不合于生长上升之"道",就快要死亡。

三十一章　对战争持极端慎重的态度

夫兵者，不祥之器，物或恶之，故有道者不处。

君子居则贵左，用兵则贵右。兵者，不祥之器，非君子之器，不得已而用之，恬淡为上，胜而不美。而美之者，是乐杀人。夫乐杀人者，则不可以得志于天下矣。

吉事尚左，凶事尚右。偏将军居左，上将军居右，言以丧礼处之。杀人之众，以哀悲莅之，战胜以丧礼处之。

主旨论述对战争持极端慎重的态度。“兵者，不祥之器”，“不得已而用之”，“胜而不美”，“以哀悲莅之，战胜以丧礼处之”，表达了对于不正义的战争的坚决反对和对于正义战争的有条件的支持。

“夫兵者，不祥之器”，帛书甲、乙本如此。今本作“夫佳兵者”，非，今从帛书订正。

“物或恶之，故有道者不处”，“不处”，不排除“不得已而用之”，是不轻索处之也。

“君子居则贵左，用兵则贵右”，盖“吉事尚左，丧事尚右”，用兵凶事也。《礼记·檀弓》：“孔子与门人立，拱而尚右，二三子亦皆尚右。孔子曰：二三子之嗜学也，我则有姊之丧故也，二三子皆尚左。”郑注：“丧尚右，右阴也；吉尚左，左阳也”，“贵左”,“贵右”,“尚左”,“尚右”,那是当时的一种习俗和观念。

“恬淡为上,胜而不美”,吴澄说:“恬者不欢愉,淡者不浓厚,谓非其心之所喜好也。”

“而美之者,是乐杀人。夫乐杀人者,则不可以得志于天下矣”,充分表现了老子对于战争的厌恶。

“偏将军”,侧翼将领,是要听命于主帅的。“上将军”,主帅,部队的最高领导。

老子说:

兵器是不祥之物,谁都厌恶它,所以有“道”的人不轻易使用。

“君子”平时以“左”为贵,用兵时以“右”为贵。所以说兵器不是“君子”轻索使用之物,不得已而使用它,最好淡然处之,不要自以为得意。自以为得意,那是乐于杀人。那乐于杀人的,就不可以得志于天下了。所以说吉事以“左”为上,丧事以“右”为上。因此“偏将军”在左,“上将军”在右,这是说以丧礼对待它。所以杀人众多,就以哀悲的心情参加,战胜了,则以丧礼对待它。

三十二章　天下万物源出于“道”，统一于“道”

道常无名。朴虽小，天下莫能臣也，侯王若能守之，万物将自宾。

天地相合，以降甘露，民莫之令而自均。

始制有名，名亦既有，夫亦将知止。知止可以不殆。譬道之在天下，犹川谷之于江海。

本篇分三节，一节喻言守“道”则公正，一往平等，如天地阴阳之气相合，降下甘露，自然均匀。这是说人们认识“道”，主观思想与客观运动相合，就能公正、平等。如前所说，“知常容，容乃公”也。

二节讲“道”的伟大及其作用。从名学的观点来看，“道”表现为最大的名，是无更广泛的名称道的最高的物类，“朴虽微”至精无形，可说是微小；而无所不包，可说是伟大。《管子·心术上》说：“道在天地之间也，其大无外，其小无内，故曰不远而难极也。”《淮南子·原道训》说：“夫道者，覆天载地，廓四方，柝八极，高不可际，深不可测，包裹天地，禀授无形。原流泉浡，冲而徐盈，混混滑滑，浊而徐清。故植之而塞于天地，横之而弥于四海，施之无穷，而无所朝夕，舒之幎于六合，卷之不盈于一握。"

《庄子·知北游》说:东郭子问于庄子曰:所谓道,恶乎在?

庄子曰:无所不在。

东郭子曰:期而后可。

庄子曰:在蝼蚁。

曰:何其下邪?

曰:在稊稗。

曰:何其愈下邪?

曰:在瓦甓。

曰:何其愈甚邪?

曰:在屎溺。

宇宙之物,无不恃之以成。支配一切,却没有谁能臣服它。而人如能守"道",则万物就会服从人的意志。

末节讲对"道"的认识始于制名分类,"始制有名,名亦既有,夫亦将知止","有名",指有称道的类名,把一个名称道为更广泛的类名,如"白马是马"是也,这是名学定义的法则。名学是建立于制名分类的基础之上的。由此可见,老子是中国名学的奠基人,这里作了根本概括,提出"名可名"的名学定义的根本公式,与后世逻辑定义合。于是有可称道之名,物从其类,认识也将止于物类,而未及于"道"。"譬道之在天下,犹川谷之于江海","道"在天下,有如小河流之与江海,天下万物源出"道"而皆统一于"道"也。这是讲的世界的本源和统一性的问题。

老子说:

"道"常表现为"无名"称道的最高的物类,这个朴素的东西虽然微小,天地之间没有谁敢臣服它。"侯王"如能遵守

“道”,万物将自动服从。

天地阴阳之气相合,于是降下甘露,人民没有谁指使它而自然均匀。对“道”的认识始于制名分类,有了种种类名,那认识也将止于物类。认识止于物类,所以未及于“道”。譬“道”之在天下,有如小河流之与江海。

三十三章　看问题忌带片面性

知人者智，自知者明。
胜人者有力，自胜者强。
知足者富。
强行者有志。
不失其所者久。
死而不亡者寿。

主旨讲个人修养问题，看问题忌带片面性。

"知人者智"，"知"，动词，指认知，认识；"智"，名词，指智慧。

"自知者明"，"明"，高妙精明。言识见高远，符合实际也。

"胜人者有力，自胜者强"，能克胜他人的人有力，能克胜自己的人才是柔强。

"知足者富"，知道满足的人才是富有。

"强行者有志"，四十一章曰"上士闻道，勤而行之"，王弼注曰："有志也。""强行"是亦"勤行"也，言勤奋不懈也。

"不失其所者久"，《淮南子·说山训》："寇难至，躄者告盲者，盲者负而走，两人皆活，得其所能也。故使盲者语，使躄者走，失其所也。""所"，在这里，是盲者腿健，躄者目明，泛言之，就是客观对象的实际。以躄者指路，盲者负走，乃合实际。看来，中国哲学后世把“能”和“所”作为认识论的一对范畴，也许源出于此。佛教学者认为“所”依附于“能”，否定客观世界的存在。明清之际的王夫之说：“所谓能者即己也，所谓所者即物也。”“所不在内，故心如太虚，有感而皆应。”对“能”、“所”作出了唯物主义的解答。可以参证。

“死而不亡者寿”，王弼注：“身没而道犹存。”《庄子·养生主》：“指（脂）穷于为薪，火传也，不知其尽也。”是也。

“知人”而不“自知”，“胜人”而不“自胜”，不“知足”，不“强行”，都是一种片面性。

要“知人”“自知”，“胜人”“自胜”，全面地看问题。尤以“知足”，“强行”，克服自己，矢志力行，才能“自知”、“自胜”，才能“知人”、“胜人”，才能使主观认识合于客观实际，才能“久”、“寿”。

老子说：

认识他人的人智慧，认识自己的人高明。

克胜他人的人有力，克胜自己的人柔强。

知道满足的人富有。

勤奋不懈的人有志。

不偏离实际的人长久。

身死而精神被传播的人寿长。

三十四章 “道”的普遍客观性，由此导出人生论

大道泛兮，其可左右。万物恃之而生而不为始。

功成不名有，衣养万物而不为主。常无欲，可名于小；万物归焉而不为主，可名为大。以其终不为大，故能成其大。

主旨论述“道”的普遍存在及其客观性质，并由此导出人生论。

“大道泛兮，其可左右”，吴澄说：“泛，广也。谓如水之泛滥洋溢。道之广无所不在，或左或右，随处而有，取之左右，无所不可也。”这是比喻“道”无所不在也。

“万物恃之而生而不为始”，“不为始”，傅奕本、王弼本均作“不辞”。古“始、辞声同，以此致异”（毕沅注）。《吕氏春秋·贵公篇》：“天地大矣，生而弗子，成而弗有，万物皆被其泽、得其利，而莫知其所由始。”皆本于老子。作“始”是。

“功成不名有，衣养万物而不为主”，“不名有”，就是不把“功成”和“泽被万物”的功劳记在自己名下。

那么，人就应完全依恃“大道”从事，而不可先物行、先理动，无缘而妄意度也。常无私欲，可算不了什么；万物归顺而不主宰，可算是伟大了。圣明的统治者之能成就其伟大，是因为

他不自以为伟大,所以能成就其伟大。老子是把人生的修养问题,放置在认识论的基础之上的。

老子说:

“大道”如江河泛滥,无所不在,万物依恃“大道”生发而认识不可无缘妄意忖度也。

功成事就而不可把它记在自己名下。常无私欲,可算是渺小;万物归顺而不为之主宰,可算是伟大。因此[圣明的统治者]之能成其伟大,是因为他不自以为伟大,所以能成其伟大。

三十五章　以“大道”执政，天下人民都归服

执大象，天下往。往而不害，安平太。乐与饵，过客止。

道之出口，淡乎其无味。视之不足见，听之不足闻，用之不可既。

主旨讲以“大道”执政，天下人民都向往归服的情况。人民归服而不受害，乃安于太平生活。乐于给人民以生路，归服的人就安家落户。应该说，这是中国古代史的实际记录。

“执大象，天下往”，“执”，执政，“侯王能守之”也，“守”即“执”也；“大象”，大道。河上公注：“象，道也。”成玄英疏：“大象，犹大道之法象也。”“往”，向往，归服也。

“往而不害，安平太”，“平太”，即太平；承上“往而不害”，是归服而不受害，故太平也。

“乐与饵，过客止”，“饵”，食也，象征一种生路。鲁国季孙、叔孙、孟孙氏在“三分公室”和“四分公室”中，解放奴隶为农民，最先实行征租制（《左传》襄公十一年、昭公五年），是首创了一种新的封建生产关系。齐国田陈氏“以家量贷，而以公量收之”，“民人痛疾而或燠休之，其爱之如父母，而归之如流水”（《左传》昭公三年）。后起之秦国“以草茅之地徕三晋之民

而使之事本”,“利其田宅而,复之三世”(《商君书·徕民》)。是“乐与饵”的具体史例。自西周以降,奴隶主贵族强迫奴隶在公田外开辟私田,奴隶国有制相应废弛,私田奴隶主隐蔽奴隶户口,乃有“隐民”和“私属徒”,收留逃亡奴隶,乃有“宾萌”,而这些人及其子女就是所谓“族属”。这都是属于奴隶主所有即“人有”的“民人”,其中逃亡奴隶当是主要的。“过客”,当是指的这样一些人。

“在春秋末年,各国的私门……同公室争夺人民。他们用大斗出、小斗进,大秤出、小秤进的办法以笼络人心,把公室的劳动力抽成一个真空。这样私门终于把公室吞并了,所依靠的主力军其实就是人民,是人民的力量完成了由奴隶制转变为封建制的历史使命。”[郭沫若:《奴隶制时代》,《郭沫若全集·历史编(第三卷)》,人民出版社 1984 年版,第 9 页]

老子认为“乐与饵”,给人民以生路,以“大道”执政,是一种不可抗拒的历史潮流。

“道之出口,淡乎其无味。视之不足见,听之不足闻,用之不可既”,然而“道”说出来,淡然无味。看吧,看不见,听吧,听不着,是抽象的形而上的东西。“既”,尽也,穷极也。王弼注:“乃用之不可穷极也。”这就是“道”的作用。

老子说:

以“大道”执政,天下人民都归服。归服而不受害,就安于太平生活。乐于给人民以生路,人民就安家落户。

所以“道”说出来,淡然无味,看它看不见,听它听不着,而运用之不可穷极也。

三十六章 军事策略原则

将欲歙之,必固张之;将欲弱之,必固强之;将欲废之,必固兴之;将欲夺之,必固与之,是谓微明。柔弱胜刚强。

鱼不可脱于渊,国之利器不可以示人。

主旨从物势的自然,从事物总是向对立面转化的基本规律出发,论述军事策略原则。

“日之将昃必盛赫,月之将缺必极盈,灯之将灭必炽明”,此物势之自然也。因物势之自然,促成转化,这就是所谓“策略”,这就是所谓“以奇用兵”。

“将欲歙之,必固张之”,“固”,“古”,“姑”,通假。姑且,暂且,有“先”义。有版本作“古”、“姑”者。“歙”,敛也,合也。“张”之对文。就是说:将要收缩,必先扩张。

“将欲弱之,必固强之”,将要削弱,必先加强。

“将欲废之,必固兴之”,将欲废弃,必先兴举。

“将欲夺之,必固与之”,将欲夺取,必先给予。《战国策·魏策》:“将欲败之,必姑辅之;将欲取之,必姑与之。”《吕氏春秋·行论》:“将欲毁之,必重累之;将欲踣之,必高举之。”可参考。这是根据事物发展的条件和趋势,预见到它的全过程,“与时迁移,应物变化”,采取相应的策略,使之向相反的方面转化。

如果不能从本质处看到这种转化的妙用，不能从现象处看到机微的先兆，就只能是属于鲁莽的军事家。

中国民主革命战争的战略，就是采取“将欲取之，必先与之”的原则。（毛泽东《中国革命战争的战略问题》）

凡劣势军队处在优势军队进攻面前，一方由劣势到平衡到优势，另一方由优势到平衡到劣势，一方由防御到相持到反攻，另一方由进攻到保守到退却，其间“固张”者必有“弱”之萌，“固兴”者必有“废”之机，“固与”者必有“取”之兆存在着。“张之”，“强之”，“兴之”，“与之”，所以“歙之”，“弱之，“废之”，“夺之”也。这就是劣势军队战胜优势军队的策略原则（柔弱胜刚强）。

“鱼不可脱于渊”，取喻要在游泳中学习游泳，在战争中学习战争。

“国之利器不可以示人”，“利器”，泛指有利之物，从上文论军事策略来看，当为军机之属。“示”，观也，即泄露。

老子说：

将要收缩，必先扩张；将要削弱，必先加强；将要废弃，必先兴举；将要夺取，必先给予。这叫先兆的预见，劣势军队战胜优势军队的策略。

鱼是不可脱开水的。

国家的军机是不可泄露于人的。

三十七章　守“道”原则和克服私欲的重要性

道常无为而无不为，侯王若能守之，万物将自化。

化而欲作，吾将镇之以无名之朴。无名之朴，夫亦将无欲。不欲以静，天下将自正。

一段论述守“道”的原则及其作用。

守“道”在于“无为”，在于认识和适合客观事物的矛盾而不带上主观随意性，完全泯却主观，采取纯客观的态度。“道”，守“道”，按照“道”办事也。“无为”，不带上主观随意性也。《老子》有十余章论及“无为”：

二章：“圣人处无为之事”；

三章：“圣人之治……为无为，则无不治”；

十章：“明白四达，能无为乎”；

二十九章：“天下神器，不可为也”；

三十八章：“上德无为而无不为”；

四十三章：“天下之至柔驰骋天下之至坚，无有入无间，吾是以知无为之有益”；

四十八章：“为道日损……以至于无为”；

四十五章：“躁胜寒，静胜热，清静为，天下正”；

五十七章：“以无事取天下……我无为而民自化”；

六十三章:“为无为,事无事,味无味”;

六十四章:“圣人无为故无败”。

这都是作为人的处事原则提出来的。则本章说的“道常无为而无不为”,根据前述各章及本章的内容,可以断言,这个“道”字,非名主词,讲“天道自然无为”,乃动名主词,讲守“道”处事“无为”,亦“上德无为而无不为”之义。

“天道自然无为”,“纯任自然”,被称为“自然哲学”,这是对老子的严重歪曲和误解。守“道”处事“无为”,“辅万物之自然而不敢为”,这才是老子的本义。在老子看来,能做到这一点,就没有什么事情做不成的。“侯王若能守之,万物将自化”,《管子·七法》:“渐也,顺也,靡也,久也,服也,习也,谓之化。……不明于化而欲变俗易教,犹朝揉轮而夕欲乘车也。”这里的“化”取“服”义,亦“万物将自宾”的“宾”字之义。就是万物将自动服从人的意志。

二段论述克服私欲的重要性及其作用。“化而欲作,吾将镇之以无名之朴”,“镇”,镇压,克服;“朴”,指“道”的品格。高一涵说,“拿那‘无名之朴’,来镇压人欲,让万物自化”(高一涵:《老子的政治哲学》,《新青年》第六卷第五号)也。

“无名之朴,夫亦将不欲”,用“无名之朴”来克服,也许可能克服私欲了。“不欲以静,天下将自正”,克服私欲,保持冷静,天下也许会走上正轨了。可见取得成功,骄傲自满,是普遍现象,克服私欲,应该极端重视。

老子说:

守“道”常不能带上主观随意性,“侯王”若能保持这一点,那万事将会自动服从了。

万事自动服从而产生私欲,就要用“道”的淳朴品格来要求,那也许会知道克服了。知道克服,保持冷静,天下也许会走上正轨了。

下　篇

三十八章　尊重理论，反对唯理论；贵重经验，反对经验论

上德不德，是以有德；下德不失德，是以无德。上德无为而无不为；下德为之而有不为。

上仁为之而无以为；上义为之而有以为；上礼为之而莫之应，则攘臂而扔之。

故失道而后德，失德而后仁，失仁而后义，失义而后礼。

夫礼者忠信之薄，而乱之首，前识者道之华，而愚之始。

是以大丈夫处其厚不居其薄，处其实不居其华，故去彼取此。

本篇是对“德”的精当阐释和发展。

“德”是殷人的创造。卜辞中有“德”字，作“徝”。《释名·释言语》说：“德，得也，得事宜也。”是得到一种处事之宜的认识。处事得宜，那就是今语经验，是指人对客观事物处理的认识来说的。老子是按古义使用的。老子说：“含德之厚……和之至也。知和曰常，知常曰明。”（《五十五章》）又说：“治人事

天莫若啬。夫唯啬,是谓早服。早服谓之重积德。”(《五十九章》)又说:“修之于身,其德乃真;修之于家,其德乃余;修之于乡,其德乃长;修之于国,其德乃丰;修之于天下,其德乃普。”(《五十四章》)

由此可见,老子言“德”无不是从人的视角来说的。传统把“德”解释为事物的属性,是指具体事物从“道”所得的特殊规律或特殊性质,那是非常牵强的。

老子把“德”称为“厚德”、“上德”、“广德”、“建德”,没有明确提出“下德”的概念。其实老子是把“德”置于“道”的基础之上的。认为办各种事情都在于事先找出其道理而服从之,在于不断地积累经验,谓之“啬”。王弼说:“德者,得也……何以得德,由乎道也。”这就讲清了“德”的本质和意义。

然而经验(德)是有局限性的。适于身者,未必适于家;适于家者,未必适于乡;适于乡者,未必适于国;适于国者,未必适于天下。所以老子强调“上德”、“广德”,就是强调普遍性经验。于是在这个的基础上提出“下德”的概念。

“上德不德,是以有德;下德不失德,是以无德。”就是说有普遍性经验的人不局限于自己的经验,因此算得上有经验;有特殊性经验的人不离开自己的经验,因此算不上有经验。认识来源于经验,理论的东西,不过是高级经验的东西,是经验的更高的概括和总结,是不能脱离经验的。所以老子把理论包括在经验(德)的范畴之内,称之为“上德”。这说明老子是反对唯理论的。

然而老子是懂得经验的局限性的。他说:有特殊性经验的人不离开自己的经验,就有办不成的事,因此算不上有经验。这说明老子又是反对经验论的。

尊重理论的作用(尊道),而反对唯理论;贵重经验的积累(贵德),而反对经验论,这就是经验和理论之间的辩证法。

“上德无为而无不为”,傅奕本、严遵本、范应元本如此,与韩非《解老》引正同。四十八章有“为道日损,损之又损,以至于无为,无为而无不为”句,可见原本如此。帛书甲、乙本,王弼本,河上公本“无不为”作“无以为”,涉“上仁为之而无以为”句而误,非。陶鸿庆在分析“‘下德为之而有以为’,‘以’字亦当作‘不’字”时说,“此皆申言上德所以有德者,以其无不为”,则陶所见本“与上句正成对文”的本句当亦如此。

“下德为之而有不为”,陶鸿庆《读诸子札记》以王弼注义推定如此,与上句正成对文。陶鸿庆分析说:经文“‘下德为之而有以为’,‘以’字亦当作‘不’字,与上句反正互明。他书虽无可印证,然可以注义推之。注云:‘下德求而得之,为而成之,则立善以治物,故德名有焉。求而得之,必有失焉;为而成之,必有败焉;善名生则有不善应焉;故下德为之而有以(“以”亦当作“不”)为也。’此正释经文‘有不为’之义。注又云:‘凡不能无为而为之者,皆下德也。’……即包上仁、上义、上礼言之。下文云:‘上仁为之而无以为,上义为之而有以为,上礼为之而莫之应,则攘臂而扔之。’三句义各有当。若此句作‘有以为’,而与‘上义’句无区别,而与‘上仁’、‘上礼’诸句不相融贯矣。注末又云:‘名则有所分,形则有所止,虽极其大必有不周,虽盛其美必有患忧,功在为之,岂足处也。’此皆申言上德所以有德者,以其无不为;下德所以无德者,以其有不为也。疑王氏所见本正作‘有不为’。今本作‘有以为’者,涉‘上义’句而误,注又沿经文之误也”。陶说极是,今据之订正。

有普遍性经验的人适合矛盾而不带上主观随意性，就没有办不成的事；有特殊性经验的人按照自己的经验办事，就有办不成的事。社会实践证明，恰恰如此，千真万确，令人深思。

“上仁为之而无以为”，王弼注：“不能不为而成，不兴而治，则乃为之，故有宏普博施仁爱之者. 而爱之无所偏私，故上仁为之而无以为也。”“上”，尚也，崇尚。尚仁者行事而无所偏私作为也。

“上义为之而有以为”，王弼注：“爱不能兼，则有抑抗正真而义理之者，忿枉佑直，助彼攻此，物事而有以心为矣。”尚义者行事而有以心计作为也。

“上礼为之而莫之应，则攘臂而扔之”，太田方引《玉篇》说：“除袂出臂曰攘。”“扔”，投也，掷也。“攘臂而扔之”，是出臂而投掷之也，责怨之形于外也。韩非说：“众人之为礼也，人应则轻欢，不应则责怨。”是也。王弼注：“直不能笃，则有游饰修文礼敬之者，尚好修敬，校责往来，则不对之间，忿怒生焉。”尚礼者校责往来而不对，则责怨忿怒也。

老子认为无论从事社会工作（治人）或自然工作（事天），都要以既得的理论为指导去研究各种具体的事物（十四章：“执古之道，以御今之有”；五十二章：“既得其母，以知其子”）；又要从各种具体事物的研究去加深理论的认识（十四章：“御今之有，能知古始”；五十二章：“既知其子，复守其母”）。这是人类认识的基本秩序。这就是说，人对于“道”的认识，是经由特殊到一般，又由一般到特殊的反复的。正因为如此，在实际上，人“犹各得其德”，“而未能自周也”，故曰：“失道而后德”。仁、义、礼，则完全从概念出发而互相矛盾。仁者爱人，“爱之无所偏私”，而“爱不能兼”，乃有“义”，则讲“抑抗正真而义理之者，忿枉佑直,助彼攻此”。而“直不能笃”,乃有“礼”,则讲“游饰修文礼敬”,“礼繁者实心衰也”。故曰:“失德而后仁,失仁而后义,失义而后礼”也。

“夫礼者忠信之薄,而乱之首”,“礼”是忠信的不足而祸乱的开始。“前识者道之华,而愚之始”,韩非说:“先物行、先理动之谓前识。前识者,无缘而妄意度也。”(《韩非子·解老》)是“道之华”,“华”,虚华。

“是以大丈夫处其厚不居其薄,处其实不居其华”,韩非说:“所谓处其厚不处其薄者,行情实而去礼貌也。”“礼貌”,指游饰修文。“所谓处其实不处其华者,必缘理而不径绝也。”(《韩非子·解老》)“径绝”,指“无缘而妄意度”也。因此“大丈夫”讲求实情而去修文,遵循道理而不妄意忖度。

“故去彼取此”,“彼”,指“华”,即虚华和妄意忖度;“此”,指“实”,“厚”,即情实和事理。所以摒弃后者而取前者为准则。

因此,一个人在世上立身,必须讲求情实而不尚虚华,遵循道理而不无根据地妄意忖度也。

老子说:

有普遍性经验的人不局限于自己的经验,因此可算有经验;有特殊性经验的人不离开自己的经验,因此不算有经验。有普遍性经验的人适合矛盾而不带上主观随意性,就没有办不成的事;有特殊性经验的人按照自己的经验办事,就有办不成的事。

尚仁者行事而无所偏私作为;尚义者行事而有以心计作为;尚礼者校责往来而不应,则责怨忿怒。

所以没有掌握“道”而后讲“经验”,没有掌握“经验"而后讲“仁”，没有掌握“仁”而后讲“义”，没有掌握“义”而后讲“礼”。

“礼”是忠信的不足而祸乱的开始，无根据的妄意忖度，是“道”的虚华而愚蠢的根源。

因此“大丈夫”讲求情实而不尚修文，遵循道理而不妄意忖度。所以摒弃妄意忖度而取遵循道理为准则。

三十九章　“一”的万能和“得一”的重要性

昔之得一者，天得一以清，地得一以宁，神得一以灵，谷得一以盈，万物得一以生，侯王得一以为天下正。其致之。

天无以清将恐裂，地无以宁将恐发，神无以灵将恐歇，谷无以盈将恐竭，万物无以生将恐灭，侯王无以贵高将恐蹶。

故贵以贱为本，高以下为基。是以侯王自谓孤、寡、不谷。此非以贱为本邪?非乎?故至誉无誉，不欲琭琭如玉，珞珞如石。

主旨论证“得一”的重要性和“高”“贵”之以“下”“贱”为“基”“本”。

“一”指“道”，与十章“抱一”、二十二章“执一”、四十二章“一生二”的“一”同义。林希逸注：“一者，道也。”“万物之所然也”，“万物之所以成也”(《韩非子·解老》)，是认识和处事的“基”“本”。

“天”之“清”，“地”之“宁”，“神”之“灵”，“谷”之“盈”，“万物”之“生”，“侯王”之为“天下正”，以“得一”故。

“侯王得一以为天下正”，帛书甲、乙本如此，河上公本、景龙本、景福本、严遵及顾欢本正同。王弼本、傅奕本“正”作“贞”。劳健说：“按《道藏》御注、御疏本原作‘正’，疏云：‘本或作贞字,贞即正也。'开元石刻乃改从'贞'。"高亨说:"四十五章曰:'清静为天下正。'义同。《吕氏春秋·执一篇》:'执一为天下正。'句法并与老子同。"

"天"之"裂","地"之"发","神"之"歇","谷"之"竭","万物"之"灭","侯王"之"蹶",以未能"得一"故。

"地"之"发",刘师培说:"'发'读为'废'……'恐发'者,犹言将崩圮也,即地倾之义。'发'为'废'字之省形。"(刘师塔《老子斠补》)

"侯王"之"蹶",易顺鼎说:"当作'侯王无以贞将恐蹶'。'贞'误为'贵',后人见下文'贵以贱为本,高以下为基'二句,以为承上文而言,妄为'贵'下又加'高'字,遂致踵讹袭谬,而义不可通矣。"(易顺鼎《读老子札记》)

这就是说天下事物其所以表现这样那样的形态和运动,其所以能保持这样那样的形态和运动,都不能脱离"道"。因此"侯王"要取得天下,把天下事办好,并保持天下,其于"道",是不可不注意的。

"道"是客观存在的,有如素材,未曾雕琢,也不能雕琢,它是不因人的意志而改变的。所以老子把它称为"朴"。"朴虽小,天下莫能臣也",这就是"道"的基本的品格。

老子认为"侯王"要守"道",在"功成事遂"之后,仍要守"道",则必须保持这种质朴的品格。这就是"贵以贱为本","高以下为基","自称孤、寡、不谷","至誉无誉"也。这是对统治者立身谦虚的要求,故曰:"不欲琭琭如玉,珞珞如石",不愿高贵如美玉,宁愿下贱如坚石。这是老子哲学的人生观。这样,乃能永远保持认识的本性。

老子说:

从来凡是得到"一"的:天得到"一"而清明,地得到"一"而宁定,神得到"一"而应验,河谷得到"一"而盈满,万物得到"一"而生长,"侯王"得到"一"而把天下事办好。它们就是这样达到的。

天不以之清明,难免要崩裂;地不以之宁定,难免要震动:神不以之灵验,难免要消歇;河谷不以之盈满,难免要涸竭;万物不以之生长,难免要绝灭;"侯王"不以之把事情办好,难免要倾覆。

所以贵以贱为根本,高以下为基础。因此"侯王"自称"孤"、"寡"、"不谷"。这不是以贱为根本吗?不是么?所以最高的荣誉,是无须称誉的,不做高贵的美玉,宁做下贱的坚石。

四十章　辩证法的基本规律和宇宙生成论

反者，道之动；弱者，道之用。

天下万物生于有，有生于无。

主旨讲唯物论、辩证法的基本规律和宇宙生成论。老子说："天下皆知美之为美，斯恶已；皆知善之为善，斯不善已。故有无相生，难易相成，长短相形，高下相倾，音声相和，前后相随。"（二章）世界一切事物无不互相矛盾，相反相成，各以自己的对立面作为存在的前提。"物无非彼，物无非是"，"彼出于是，是亦因彼，彼是方生之说也"（《庄子·齐物论》）。这是"反"的第一层意义。

"反者，道之动；弱者，道之用"，"反"，简文本作"返"。遵"远曰反"作"反"。向相反的方面转化是"道"的运动，这包含两个方面的意义：一、矛盾双方各以自己的对立面作为存在的前提；二、矛盾双方在其斗争中因一定条件各自向着相反的方面转化。这两方面的见解在《老子》中随处可见，这里是一个概括的表述。

弱的方面是"道"所以转化的作用，世事都包含着矛盾，简单的事物至少有一对矛盾，复杂的事物则可能有许多对的矛盾，各对矛盾之间又互相成为矛盾。事物的性质，则是由主要的矛盾和矛盾的主要方面决定的。这就表现为强者和弱者的矛盾。强者是矛盾的主要方面,处于统治的地位,决定事物的性质;弱者是矛盾的从属方面,处于被统治的地位。强弱的斗争,因力量的变化,强者弱,弱者强,事物就发生根本的变化、转化。

老子说:“躁胜寒,静胜热。”(四十五章)矛盾双方无不因一定条件向着相反的方面转化,向着它的对立面所处的地位转化。故曰:“反者,道之动。”这是“反”的第二层意义。而且是更重要的意义。作为基本规律是只要指出这一点就够了的。因矛盾双方的互相依存是矛盾双方互相转化的前提,这是不言而喻的。那么,矛盾双方为什么会互相转化呢?这是由于弱的方面起了作用。故曰:“弱者,道之用。”

“赫拉克利特是辩证法的奠基人之一”,“在赫拉克利特看来,世界的基本规律……是‘向对立面转化的规律’”(列宁《哲学笔记》)。对此,老子更指出了这个转化的动力,所以老子总是寄希望于弱者。老子阐释说:“弱之胜强,柔之胜刚,天下莫不知,莫能行。”鼓励弱者起来斗争。

在老子看来,宇宙的生成是按照这个基本规律演化的,无更广泛的名称道的最高的物类,“物质”,由于自身的矛盾斗争和转化,乃产生有更广泛的名称道的物类,自然首先是无生物,进而剖判为天地以及其他等等,不断演化,乃产生万物和人类。这是迄今为止我们所生存的这个世界,它的发展的一个大致而远不完备的进程。应该说,这就是老子的宇宙生成论。老子的这个论断是有其科学价值的,它同近现代的自然科学史、生物史,地球史和天体史,从总体来看,是符合的。

人类的社会运动是一个最好的铁的例证。奴隶制是由奴隶主贵族统治奴隶和自由民形成的。奴隶主贵族残酷压迫剥削奴隶和自由民,包括其人身和生命。奴隶和自由民起来反抗,或逃亡,或为盗,越来越厉害,乃迫使奴隶主贵族改变剥削方式而转化为新兴封建制;封建制是由地主统治农民和手工业生产者形成的,由于农民和手工业生产者起来反抗,越来越厉害,乃产生资本主义社会。资本主义社会是由资本家统治工人、农民和手工业生产者形成的。由于工人、农民和手工业生产者的反抗越来越厉害,就导致产生社会主义。这是我们当代的基本情况。自然各个不同的历史时期还有其技术生产力的决定因素,技术生产力与生产关系相适应的规律,是社会稳定和变化的根据。

老子提出“始制有名,名亦既有”的概念,认为认识始于制名分类,有种名,类名,类名即“有名”,简言之曰:“有”。例如“白马是马”,“白马”是种名,“马”是类名,这就是把种名称道为更广泛的名。老子从“有名”推出“无名”,认为“道常无名”。如前所引述《伊尹·九主》说:“天企(法)无[名],复生万物,生物,不物,莫不以名,不可为二名,此天企(法)也。”“天企(法)”就是“道”。这是说“道”反复变化转化产生万物,生物,无生物(不物),万物是生物、无生物,生物、无生物是物,无不可给以更广泛的名,唯物是广泛已极的名,“不可为二名”,无名,是最高的物类,即物质。这正是对老子的“无名”,“有名”,“名”的确切诠释和从天下万物,生物,无生物,按名学推导得出“道”的认识的。黑格尔说:“如果抽去某物的一切规定,一切形式,那么,剩下的就是无规定的质料。”(引自列宁《哲学笔记》)老子叫做“道”,叫做“无”。故曰:“天下万物生于有,有生于无。”就是说天下万物生于有更广泛的名称道的物类,生物、无生物;有更广泛的名称道的物类，生物、无生物生于无更广泛的名称道的最高的物类，物。物演化产生天地，天地演化产生万物和人类，其如此演化，所以如此演化，如前所述，近现代的自然科学史，生物史，地球史和天体史，不就是这样证明了的吗?！人类社会发展，从原始人群演化发展到今天这个资本主义现状，老子未予论及，而其变化演化的原理，亦如前所述，从奴隶制到资本主义将演化为社会主义，则完全适用。此哲学之所以为科学也。

老子说：

向相反的方面转化是“道”的运动，弱的方面是“道”所以转化的作用。

天下万物生于有更广泛的名称道的物类，生物、无生物；有更广泛的名称道的物类，生物、无生物生于无更广泛的名称道的最高的物类，物。

故曰：老子，科学的哲学，哲学的科学也，其几乎?！

四十一章 集格言启示“反”的义蕴

上士闻道，堇(谨)能行于其中；中士闻道，若闻若亡；下士闻道，大笑之。不笑，不足以为道。

故建言有之：

明道女(如)孛(费)；

迟道如缋；

[进]道若退；

上德若谷；

大白若辱；

广德若不足；

建德若偷；

质真若渝；

大方无隅；

大器免成；

大音希声；

大象无形；

道隐无名。夫唯道，善贷且成。

本篇集格言启示“反”的义蕴。

“反”是“道”的本质，“道”的核心，“反者，道之动”，是它的完整的表述。

“反”,就是说事物无不是由两个相反的部分组成的,通过运动,各自向着相反的方面转化。自然界、人类社会和人的思想,无不如此,无一例外。没有“彼”,“此”就不见;没有“此”,“彼”也不见。仅从一面观之,就看不见,从“此”方来看“彼”方就知道了。

黑格尔在评论赫拉克利特的辩证法时说:“理性……在一方中认识到另一方,认识到一方中包含着它的另方(注意‘它的另方’)……”(引自列宁《哲学笔记》)这更清楚地表达了“反”的思想。

关于这一点,“上士”听了谨慎地能见于行动之中,“中士”则似听未听,“下士”则大笑。“不笑,不足以为道。”

“故建言有之”,王弼注:“建犹立也。”林希逸说:“建言者,立言也,言自古立言之士有此数语。”

“明道女(如)孛(费)”,“明道”,与“上德”,具有普遍性经验的人,“下德”,具有片面经验的人一样,是指明白“道”的人言之,明白“道”的人有似与世俗人相悖,他深沉,不轻易表态,因为还有一个了解情况的过程。

“迟道如缋”,“缋”,假为“溃”。《左传》文公三年:“凡民逃其上曰溃。”杜注:“溃,众散流移,若积水之溃,自坏之象也。”

“[进]道若退”,“[进]道”,六十二章:“虽有拱璧以先驷马,不如坐进此道。”那是进献“道”的人有似谦让也。“退”,谦让也。进献“道”的人多如此。

这里据李家浩“从《老子》乙组十号残简和竹简残片二十号”拼接释写作:“明道女(如)孛(费),迟道如缋,[进]道若退。”“孛”假为“费”,“‘贵’、‘类’,古音相近,通假。楚简‘缋’

从王弼读为‘类’。”（姜广辉主编：《郭店楚简研究》，《中国哲学》第二十辑，辽宁教育出版社1999年版）

“上德若谷”，具有普遍性经验的人虚怀若谷。

“大白若辱”，“辱”，借为“[黷]”，白之对文，《玉篇》：“黷，垢黑也。”意为糊涂。

“广德若不足”，具有广博经验的人有似不足。

“建德若偷”，“建”，俞樾说：“‘建’当读为‘健’。《释名·释言语》曰：‘健，建也……’是‘建’‘健’音同而义亦得通。”俞说是，“建德”即健全之德也。“偷”，与“健”相反，意为浇薄，不厚道。《国语·晋语》：“其下偷以幸。”

“质真若渝”，《说文》：“渝，变污也。”

“大方无隅”，最方正没有隅角。

“大器免成”，帛书乙本如此。楼宇烈在《注释》中说：“……‘大方无隅’、‘大音希声’、‘大象无形’，二十八章言‘大制无割’等。一加‘大’字则其义相反，‘方’为有隅，‘大方’则‘无隅’；‘音’为有声，‘大音’则‘希声’；‘象’为有形，‘大象’则‘无形’；‘制’为有割，‘大制’则‘无割’。唯此‘大器’则言‘晚成’，非‘器’之反义。……帛书《老子》……乙本作‘大器免成’……当以‘免’本字解为是。二十九章经文：‘天下神器’，王弼注：‘神，无形无方也，器，合成也。无形以合，故谓之神器也。’‘器’既为‘合成’者，则‘大器’当为‘免成’者，亦即所谓‘无形以合’而使之成者。如此，则与‘大方无隅’、‘大音希声’，‘大象无形’等文义一致。”其说甚是，当从之。“免”，训“无”，则为“大器无成”，即“大器”“无形以合”而使之成也。

“大音希声”，最大的声音听不到。

“大象无形”，最大的物象没有形状。

“道隐无名。夫唯道,善贷且成”,“道”藏于现象深处,却只有“道”善于施予且能成功。“贷”,《说文》:“施也。”“道”施予万物则足以使万物永保其德。以上是把“明道”、“迟道”、“进道”、“上德”、“大白”、“广德”、“建德”、“质真”、“大方”、“大器”、“大音”、“大象”等从形而上的“道”视之,则无不具有相反之义蕴也。

老子说:

“上士”听到“道”,谨慎地能见于行动之中。“中士”听到“道”,似听未听。“下士”听到“道”,大笑起来。不笑,就不足以为“道”了。

因此有这样的立言:

明白“道”的人有似与世俗人相悖;

对“道”迟疑的人有似跟随大流;

坐以进献此“道”的人有似谦让;

有普遍性经验的人虚怀若谷;

大明白人有似垢黑;

有广博经验的人有似不足;

有健全经验的人有似浇薄;

质朴真淳有似要起变化;

最方正没有隅角;

最大的器具以无形而合成;

最大的声音听不到;

最大的物象没有形状;

“道”藏于现象深处,却只有“道”善于施予且能成功。

四十二章　宇宙生成的内容和这个内容自己所具有的辩证法

道生一，一生二，二生三，三生万物。万物负阴而抱阳，冲气以为和。

人之所恶，唯孤、寡、不谷，而王公以为称。故物或损之而益，或益之而损。

人之所教，我亦教之。强梁者不得其死，吾将以为教父。

四十章以“天下万物生于有，有生于无”的公式概述了宇宙生成的一般进程，这里是这个公式的展开。老子是以“反者，道之动；弱者，道之用”为核心和出发点，对这个进程作出的合理的推断的。向相反的方面转化是物质运动的规律，弱的方面是物质运动所以转化的作用。那么，混沌未分的气，所谓“一”是由于自身存在着矛盾分裂为对立的两方面，“二”；乃从而引起斗争和变化，在一定的条件下产生质变，转化为新事物，“三”。新事物又是一个统一体，又分裂转化，如此不息，乃产生万物。

“道生一，一生二”，两个“一”字，其义不同。前者是状词，意为统一；后者指“道”。《道德经》书中有十五个“一”字：十章“载营魄抱一”的“一”，指“道”；十一章“三十辐共一毂”的“一”，是量词；十四章“三者不可致诘，故混而为一”的“一”，是状词;二十二章“圣人抱一为天下式”的“一”,指“道”;二十五章“域中有四大,而王居其一焉”的“一”,是量词;三十九章“昔之得一者,天得一以清,地得一以宁,神得一以灵,谷得一以盈,万物得一以生,侯王得一以为天下正”的七个“一”,都指“道”;六十七章“一曰慈”的“一”,是次第词。由于遣词变化,词同义异,这是必须注意的。老子的“道”是从名学(逻辑学)对世界的认识得出结论的。从“生动的直观”——万物推演出有更广泛的名称道的物类——“有”;从“有”推演出无更广泛的名称道的最高的物类——“无”。天下万物,众殊毕异,各从其类,皆出于最高的物类——“无”,“无”就是“道”,世界就产生统一。这在名家就叫“万物毕同”(《庄子·天下》)。在荀况就叫“万物虽众,有时而欲遍举之,故谓之物。”(《荀子·正名》)。有了“大共名”的“物”,众殊的万物,就得到“遍举”,统一。“一生二”的“一”,就是指“道”了,意即统一体。宇宙是一个统一体,世界是一个统一体,人类社会是一个统一体,一事一物一个东西,无不各为一个统一体,故谓之“一”。“天下万物”,众殊毕异,皆源于“道”,乃产生统一。这个“一”状“道”而非指“道”,是一个状词。换句话说,就是无更广泛的名称道的最高的物类,使天地万物得到统一。统一的“道”,分裂转化,产生有更广泛的名称道的物类,例如生物、无生物;有更广泛的名称道的物类,不断分裂转化,如此不息,乃产生天下之物。

“一生二,二生三,三生万物”是说的统一物分裂为对立的两方面,对立的两方面产生新的第三者,新的第三者又分裂转化如此不息乃产生万物。

如此看来,“天下万物生于有,有生于无”所表述的是宇宙生成的一个大序列,而“道生一,一生二,二生三,三生万物”所表述的就是宇宙生成这个大序列自己内部的内容和这个内容自己所具有的辩证法。

“亚里斯多德说(De mundo[88]第5章),赫拉克利特一般地‘联结了全体和非全体(部分)’……‘相合的与不相合的、和谐的与不和谐的;从万物(对立的)生出一,从一生出万物’。”(列宁《哲学笔记》)他们的观点是多么相似和一致啊!这就是古代对于世界和事物发展的辩证的看法。

老子认为既然世界和事物的发展如此,万事可作而不可“先物行、先理动”,“无缘而妄意度也”(《韩非子·解老》)。那么,人就应当泯却私欲,完全采取客观的态度,谦虚自损,以柔弱救人。这就是他们作为古代学者永远值得后人学习的一种崇高而质朴的人生品格。

“万物负阴而抱阳”,“负”,“抱”,包含;“阴”,“阳”,事物所包含的两个互相排斥而联结的对立面,即矛盾。是万物都包含着“阴”、“阳”的矛盾。

“冲气以为和”,“冲气”,冲融、和合、协调的状态,是事物的质的相对稳定时的状态;“和”,对立物的统一、和平。吴澄说:“和,谓阴阳适均而不偏胜。”是冲融和合之气在质的相对稳定状态时表现为和平。

“人之所恶,唯孤、寡、不谷,而王侯以为称”,此以谦虚自持也。

“故物或损之而益,或益之而损”,这是说所以事物有时受损反而获益,有时获益反而受损。

“人之所教,我亦教之。强梁者不得其死,吾将以为教父”,“父”,《说文》:“矩也,家长率教者。”相当于今语“规矩”、“准则”之意。那就是说人们用以教人的,我也用来教人。强暴的人不得好死,我将把它作为教人的准则。

老子说;

“道”使世界得到统一。统一物分裂为对立的两方面,对立的两方面产生新的第三者,新的第三者又分裂转化如此不息乃产生万物。

万物都包含着“阴”、“阳”的矛盾,在其质的相对稳定状态时表现为和平。

人们所不喜欢的是“孤”、“寡”、“不谷”,而“王侯”以为自称！所以事物有时受损反而获益,有时获益反而受损。

人们用以教人的,我也用来教人。“强暴的人不得好死”,我将把它作为教人的准则。

四十三章　从矛盾的特殊性论证“无为”原理

天下之至柔驰骋天下之至坚，无有入无间，吾是以知无为之有益。

不言之教，无为之益，天下希及之。

主旨从矛盾的特殊性论证“无为”原理。柔者必柔，坚者必坚，“无有”必不存在，“无间”则不能入，这是一种形而上学的见解，世界上有相反的情况。

“天下之至柔驰骋天下之至坚”，“驰骋”，马的奔跑，引申为奔竞，这里作“穿过”讲。是天下最柔弱的东西能穿过最坚硬的东西，如滴水穿石，是柔者坚而坚者柔矣。

“无有入无间”，陈鼓应说：“‘无有’（that-which-is-without form）指不见形相的东西。‘无间’是没有间隙。”看去没有而实际上存在的东西能进入无间隙的东西里面去。我们找不到当时的实例，可看成是一个假设，而现在科学证明是真理。如 x 光线和超声波探测金属内部结构，是“无有入无间”矣。

“吾是以知无为之有益”，我因此知道不主观地看问题的益处。

“不言之教，无为之益，天下希及之”，不空言说教，不主观地看问题的益处，天下很少有人赶得上他。“无为”就含有不主观地看问题的义蕴了。

老子说：

天下最柔弱的东西能穿过最坚硬的东西，看去没有而实际上存在的东西能进入无间隙的东西里面去，我因此知道不主观地看问题的有益。

不空言说教，不主观地看问题的有益，天下很少有人赶得上他。

四十四章 名节与操守是第一位的

名与身孰亲？身与货孰多？得与亡孰病？
是故甚爱必大费，多藏必厚亡。
知足不辱，知止不殆，可以长久。

老子所守者“道”，所强调者“含德之厚”，主张谦虚淳朴，与人“和”，与物“和”。“和”者，“常”也，矛盾所以求统一也，统一则“和之至也”。

因此，老子在这里所讲的“名与身孰亲?”当是名节与操守的问题，“名”，“名誉”，即名节；“身”，身体，这里借指生命。老子谦虚为怀，不汲汲于虚名，主要讲立身处事。曰：“善建者不拔，善抱者不脱，子孙以祭祀不辍。”（五十四章）这是第一位的。

其次讲“身与货孰多”，这就是生命、财货。“货”，财货，物质文化之所需也。“多”，贵重，重要。奚侗说：“《说文》：‘多，重也。’谊为重叠之重，引申可训为轻重之重。《汉书·黥布传》：‘又多其财。’师古注：‘多，犹重也。’”

“甚爱必大费”，“爱”，爱惜，吝啬。《庄子·人世间》：“夫爱马者以筐盛矢，以蜄盛溺。”《孟子·梁惠王上》：“百姓皆以王为爱也，臣固知王之不忍也。”朱熹注：“爱犹吝也。”

“多藏必厚亡”，丰厚贮藏必多丧失。

这里存在一个得和失的问题。在老子看来,“得”,也许更有害,“失”,反而有益。过甚爱惜必大浪费,丰厚储存必多丧失。这是对物质财货的看法。因为物尽其用,在于养身,在于养民而已。

因此,对于生活的要求,“知足不辱,知止不殆”,要知足,知足则不贪,不贪则不遭困辱;要知止,知止则不损人,不损人则不遭危险,乃可以在社会上站住脚,可以长久。

老子说:

名节和生命哪一个更亲切?生命和财货哪一个更重要?得和失哪一个更有害?

所以过甚爱惜必大浪费;过厚贮藏必多丧失。

知道满足不遭困辱,知道适可而止不遭危险,可以长久。

四十五章　“大成”“反”以律己

大成若缺,其用不弊。

大盈若冲,其用不穷。大直若屈,大巧若拙,大辩若讷。

躁胜寒,静胜热,清静为,天下正。

主旨描述“大成”的人根据“反”的原理所以律己的品格。事物无不向相反的方面转化,人也一样,“成而居之”,“化而欲作”,就走向反面。

“大成若缺,其用不弊”,“大成”,与“缺”相对,表示圆满。“大盈若冲,其用不穷”,“盈”,盈满,充实;“冲”,与“盅”通假,空虚。《说文》:“盅,虚器也。”“大直若屈”,“直”,正直;“屈”,理屈。“大巧若拙”,“巧”,聪巧;“拙”,笨拙。“大辩若讷”,《史记·李斯列传》:“辩于心而诎于口。”“诎”亦作“讷”。《史记·曹相国世家》:“木诎于文辞。”《汉书·曹参传》作“讷”。则“大成”,当是“大成”之辩,即“大辩”,雄辩。本篇作“大辩若讷”,最得本旨。“若缺”,“若盅”,“若拙”,“若诎”,“若屈”,保持谦虚的胸怀,则能接受新鲜事物,认识来源不枯竭,乃能推移发展,永远立于不败之地。这是认识论的要求。

“躁胜寒,静胜热”,“躁”,《释文》作“燥”。燥热,因气候所致,如夏季燥热也,非是。此应是躁动致热,如躁动暖身也,从

"躁",是。

"清静为,天下正","静",简文作"青",《释文》作"清",下文"清"亦作"静",今本作"静"。作"静"是。"清静",简文作"清清",《释文》第二"清"字作"静",今本作"清静"。作"清静"是。本两句,《释文》断句作"清静为天下正"为一句,以"为"作动词也。显然受任继愈影响,解读为"无为清静可以做天下首领"(《老子今译》)。许抗生《帛书老子注译和研究》亦因之误读。帛书甲本作"请靓可以为天下正",乙本字坏损,王弼本作"清静为天下正",河上公本作"清静以为天下正",傅奕本作"知清靖以为天下正"。"清静无为的人可以成为统治天下的君长。"此与"躁胜寒"不合,且同"首领"或"君长"无涉,非是。"清静",无为也,"无为"为,天下正,言遵循"躁胜寒,静胜热"之本性为之,则天下事可办好也。这是老子唯物论、认识论原理之一,不可等闲视之。于"为"字处断句,作两句读为是。

老子说:

最圆满有似亏缺,它的作用不会衰竭。最充实有似空虚,它的作用不会穷极。最正直有似理屈,最聪巧有似笨拙,最雄辩有似口讷。

躁动能战胜寒冷,安静能克服暑热。清醒冷静地按合于事物本性为之,天下事可办好也。

四十六章　揭露战争，歌颂和平生活

天下有道，却走马以粪。天下无道，戎马生于郊。

祸莫大于不知足，咎莫大于欲得。故知足之足，常足矣。

老学很注重军事，提出了一整套军事战略战术思想。有人认为《老子》是一部兵书，这是包含有部分真理的。然而老学的军事思想，是作为他的哲学思想的论证和应用提出来的。从全体来看，老学是一部古代辩证唯物论的巨著。

老子主张对战争取极端慎重的态度，“善有果而已，不敢以取强”，坚决反对不正义的战争。那种认为老子不分战争的正义性和非正义性，笼统地把战争说成“不祥之器”的看法，是缺乏分析的。

老子提出和论证问题的广泛性和复杂性，遣词简古难知，不从它的整个体系，从它的内部联系把握它的本来意义，是可以找到各种词句来论证任何一种见解的。

“天下有道”，“天下”，指国家政权、政策，这里侧重政策言之；“有”，符合；“道”，指治国之道。

“却走马以粪”，“粪”，施肥，这里泛指治田。高亨说：“此言天下有道，干戈不兴，走马不用于军，而用于田也。……《孟子·滕文公篇》：‘凶年粪其田不足’，赵注：‘粪治其田。’《礼记·月令》:‘可以粪田畴。’粪亦治田之义。”

“戎马生于郊”,“戎马”,军马。《汉书·刑法志》:“戎马四万匹,兵车万乘。”崔骃《安丰侯诗》:“戎马鸣兮金鼓震,壮士激兮忘身命。”“郊”,旷野,这里指战地。

老子歌颂和平生活,反对不正义战争,揭露战争的发动者,是出于“不知足”,“欲得”,执政“无道”,外侵邻国,“师旅数发,戎马不足,牸牝入阵,故驹犊生于战地”(桓宽《盐铁论·未通》)。

老子说:

国家政策合于治道,反而把军马用来治田。国家政策失于治道,即使是怀胎的母马也用来作战。

祸患没有大于不知满足的,过错没有大于要实现贪欲的。所以知道满足之为满足,总是满足的。

四十七章　韩非以前人伪作的羼入

不出户，知天下；不窥牖，见天道。其出弥远，其知弥少。是以圣人不行而知，不见而名，不为而成。

本篇与老子思想极不合，其为文也极不合，当为后人伪作羼入。

老子主张“学不学，复众人之所过”；继之提出“常无心，以百姓心为心”，就不是“不出户”。“致虚极，守静笃，万物并作，吾以观复”，就不是“不窥牖”。

老子为文，其主要特点是，或从事实引出原理，或从原理证以事实，王弼谓之“举终以证始，本始以尽终”（《老子指略》）。如“天下皆知美之为美”，从矛盾的普遍性，“天下之至柔驰骋天下之至坚”，从矛盾的特殊性论证其“无为”原理，是从事实引出原理。

“将欲取天下而为之，吾见其不得已”，认为“取天下”也要应用“无为”原理。接着因敌军的“行”、“随”、“强”、“羸”，引出“歔”、“吹”、“挫”、“隳”的具体战法，是从原理证以事实。

老子的“有德”的社会观，也是根据“和大怨，必有余怨”的阶级对抗的严峻事实提出来的，绝无空泛的议论。

因此，这一章不可能是老子的文字。应该说是韩非以前人的伪作的羼入。韩非《喻老》还有这一篇的喻释。

“不见而名”，名、明同声，古每通用，“名”当作“明”。

老子说：

不出门户，可知天下事；不观窗口，可见“天道”。走得越远，知道得越少。

因此“圣人”不经历即能知道，不观察即能明白，不行动即能成功。

没有一点可以看出是老子的笔墨，应从老子书中剔除。

四十八章　客观事实分析的重要性

为学日益，为道日损，损之又损，以至于无为，无为而无不为。

取天下常以无事，及其有事，不足以取天下。

主旨讲认识论，讲“损”的重要性。

老子在首章讲了对“道”的认识方法，就是要从本质处祈以观察“道”的妙用，从现象处祈以观察“道”的端倪。其何以观？在于“玄”，在于深入事物，穷其极致，抓住本质。这里进一步讲的是其何以“玄”的问题，这就是“损”。人们为了认识“道”，“就必须经过思考作用，将丰富的感觉材料加以去粗取精、去伪存真、由此及彼、由表及里的改造制作工夫，造成概念和理论的系统，就必须从感性认识跃进到理性认识。”（毛泽东《实践论》）就“由此及彼、由表及里”说，是深入进去；就“去粗取精、去伪存真”说，是穷其极致，概言之，叫做“损”。河上公说：“道，谓自然之道也；日损者，情欲文饰，日以消损。”“情欲文饰，日以消损”，是老子所谓“无知无欲”，“少私寡欲”，这还只是认识的思想前提，一种淳朴的心态，是必要的。但还未进入认识阶段。从丰富的感觉材料——“有”中，“损之又损”，从现象处观取其反映事物本质的那些东西，乃能认识“道”。

由此可见,“损”就是分析的意思。分析要以事实为根据,“无为”而不“妄作”,不能有一点主观的成分。“取天下”,分析形势,必须做到这一点。

“取天下常以无事”,“无事”亦“无为”,是“无为”的行动化,客观化。孟轲说:“天下之言性也,则故而已矣。故者以利为本。所恶于智者,为其凿也。如智者若禹之行水也,则无恶于智矣。禹之行水也,行其所无事也。如智者亦行其所无事,则智亦大矣。”(《孟子·离娄下》)朱子注:“天下之理,本皆顺。利小智之人,务为穿凿,所以失之。禹之行水,则因其自然之势而导之,未尝以私智穿凿而有所事。”“无事”,即孟子所谓“行其所无事也”,朱注“因其自然之势而导之”也。

“及其有事,不足以取天下”,“有事”亦“有为”,是“无为”的对立概念,“不知常妄作”,鲁莽行为也。即孟子所谓“为其凿也”,朱注“以私智穿凿而有所事”也。春秋末年,诸侯纷争激烈,出现了新兴封建“侯王”,如鲁之三子,晋之六卿,齐之田常等。老子把解放奴隶和平民的希望,寄托于他们的“德政”,鼓励他们从奴隶主贵族的“公室”夺取政权。这是当时的一件大事。老子告诫他们那是不能主观“妄为”,鲁莽从事的。那样去做,就不足以取天下。

老子说:

从事学习知识天天增益,寻求事理材料天天分析。分析再分析,以至于没有一点主观的成分。没有一点主观的成分就没有事情做不成的。

想要夺取天下总不能鲁莽从事。若是鲁莽从事,就不足以取天下了。

四十九章　无主观成见，听取百姓意见

圣人常无心，以百姓心为心。善者吾善之，不善者吾亦善之，德善。信者吾信之，不信者吾亦信之，德信。

圣人在天下歙歙，为天下浑其心。百姓皆注其耳目，圣人皆孩之。

主旨讲认识论。认识必须听取百姓意见，必须兼听，从而导出“圣人”所以立身处事的品格。

世界是物质的，客观存在，不因人的意志而改变。这是认识的对象，人是认识的主体。因此，人应该保持认识的本性，有一颗淳朴的心，“无知无欲”，物至而感，有感斯应，“在己无居，形物自着”，“其静若镜，其应若响”，“与时迁移，应物变化”，故曰：“常无心”。

“常无心”，河上公注：“圣人重改更，贵因循，若自无心。”严遵说：“无心之心，心之主也。”刘进喜说：“圣人无心，有感斯应。”李荣注：“圣人无心，与天地合德。”王安石说：“圣人无心，故无思无为。”王雱注二章说：“夫圣人无心，以百姓心为心。”正引此章经文，作“无心”。张纯一说：“景龙本、顾欢本皆无常字，此文当作常无心。”（张纯一《老子通释》）张松如说：“‘恒无心’，河、傅、王、范及唐宋以来诸今本，大都误作‘无常心’，因在

'常心'二字上大作文章。焦竑《老子翼》说：'无常心，心无所主也。'……独景龙、敦煌、顾欢数本，则无'常'或'恒'字，全句作'圣人无心，以百姓心为心'。此证'常心'二字，并非老子专用术语。此句正宜从帛书作'恒无心'，或依今本作'常无心'。无心者，无私心也。"除"无私心"释意不合外，张说极是。

然而事物是复杂的，众殊毕异，"不出户"，无以"知天下"，"不窥牖"，无以"知天道"，这就有赖于社会群力，有赖于听取百姓意见。

关于听言的方法，老子的论述是极其精辟的，这就是兼听。

"善者吾善之，不善者吾亦善之，德善。信者吾信之，不信者吾亦信之，德信"，人们在听取意见时，不论正确的（善者）、不正确的（不善者），可信的（信者）、不可信的（不信者），都点头表示听着。"善之"、"信之"，就是点头表示听着的意思。正确的我听着，不正确的我也听着，便于得到正确的；可信的我听着，不可信的我也听着，便于得到可信的。这是古代辩证唯物论、认识论的典型的表述。

正因为如此，老子认为"圣人""在天下"立身，应小心谨慎，约束自己，有所收敛，故曰："歙歙"。

徐复观说："歙歙，正形容在治天下时，极力消去自己的意志，不使自己的意志伸长出来作主，有如纳气入内（歙）。"（徐复观《中国人性论史》）

正因为如此，老子认为"圣人""为天下"处事，就不能自居高明，要"知其白，守其黑"，若不明事，先听兼听，周密思考，然后作出正确的判断，故曰："浑其心"。

老子与孔子不同。孔子认为"小人反中庸也，小人而无忌惮也"。这是孔子站在奴隶主贵族立场的偏见。老子是奴隶和平民的圣人,他尊重百姓,认为百姓都注重耳闻目见的事,淳朴如孩子,必须听取他们的意见,并以之作为处事的根据。

老子说:

“圣人”总无主观成见,以百姓意见为意见。正确的我听着,不正确的我也听着,便于得到正确的;可信的我听着,不可信的我也听着,便于得到可信的。

“圣人”在天下为人谨慎又谨慎,为天下办事若不明事。百姓都注重耳闻目见的事,“圣人”都把他们当做孩子看待。

五十章　战略防御

出生入死，生之徒，十有三；死之徒，十有三；人之生，动之死地，亦十有三。夫何故？以其生生之厚。

盖闻善摄生者，陆行不遇兕虎，入军不被甲兵，兕无所投其角，虎无所措其爪，兵无所容其刃。夫何故？以其无死地。

主旨论战略防御。

《孙子·九地》中有“死地”。曰：“疾战则存，不疾战则亡者，为死地。”“无所往者，死地也。”“死地，吾将示之以不活。”“投之亡地然后存，陷之死地然后生。”则“出生入死”是讲的特定的军事战略防御问题。“生”，泛指作战的主动地位；“死”，指被动地位。“出生入死”，这就产生战略防御问题。

“出生入死”，自韩非始，释为一个人的生死问题，遂把一个著名的原则军事论述，变成庸俗的养生之道而沿误至今。

被敌逼迫到被动的地位，然而“无死地”，没有绝对被动的地位。

老子提出对付被动地位的三种情况：

一、“生之徒，十有三”，能恢复主动地位的人占十分之三。对于聪明的军事指挥员来说，需要的是独立自主的组织和使用自己的力量。“陆行不遇兕虎，入军不被甲兵”，“兵无所容其刃”,“避其锐气”(《孙子·军争》),完全有计划地战略退却,就可以迅速地恢复主动地位。

王弼注:“十有三,犹云十分有三分。取其生道,全生之极,十分有三耳。”是从养生的视角来说的。韩非的“四肢九窍”说,严遵的“虚、无、清、静、微、寡,柔、弱、卑、损、时、和、啬”为“生之徒”,“实、有、浊、扰、显、众、刚、强、高、满、过、泰、费”为“死之徒”说,以及其他各种离奇的说法,皆妄也。

二、“死之徒,十有三”,为敌人所吓倒,抱失败主义,太看重敌人,太看轻自己,精神上解除了防御的武装,其结果,自然是失败的人占十分之三。

三、“人之生,动之死地,亦十有三”,为了求生,仓促应战,实际上陷入被动地位。缺乏战略头脑,不肯退却,“勇于敢则杀”,表面上似乎在力争主动,实际上是被动的人也占十分之三。

这是完全符合战争的实际情况和历史的。

“夫何故”,那是什么缘故呢?“以其生生之厚”,因为他急于恢复主动地位的过甚。

“盖闻善摄生者,陆行不遇兕虎,入军不被甲兵”,听说善于引导到主动地位的人,要像陆行避开犀虎一样,在战争中,要避开兵器的杀伤。“兕无所投其角,虎无所措其爪,兵无所容其刃”,犀牛用不上它的角,猛虎用不上它的爪,大兵不受利刃的杀伤。那是什么缘故呢?因为没有绝对被动的地位,早作了战略退却和防御呢。

老子说:

被敌逼迫到被动的地位,能恢复主动地位的人占十分之三;为敌人吓倒,抱失败主义的人占十分之三;仓促应战,实际上陷入被动地位的人也占十分之三。那是什么缘故呢？因为他急于恢复主动地位的过甚！

听说善于引导到主动地位的人，如陆行避开犀虎一样，在战争中要避开兵器的杀伤。犀牛用不上它的角，猛虎用不上它的爪，大兵不受利刃的杀伤。那是什么缘故呢？因为没有绝对被动的地位！

五十一章 遵循“道”,贵重积累经验的重要性

道生之,德畜之,物刑(形)之,而器成之。是以万物莫不尊道而贵德。

道之尊,德之贵,夫莫之命而常自然。

故道生之,德畜之,长之育之,亭之毒之,养之覆之。

生而不有,为而不恃,长而不宰,是谓玄德。

主旨论证遵循“道”(尊道),贵重积累经验(贵德)的重要性。

人们做事,都得遵循客观外部世界的规律性和依靠于对这个规律性的经验。事物的完善,器具的制成,无不如此。

“道生之”,按照“道”使之生长。在这里讲的是人们处事的原则。下文所举种植之例,就是明证。

“德畜之”,按照经验使之养育。“德”,经验。卜辞中有“德”字,也有“得”字。《释名·释言语》说:“德,得也,得事宜也。”是得到一种处事之宜的认识,处事得宜,是经验。“畜”,养育。《孟子·梁惠王上》:“是故明君制民之产,必使仰足以事父母,俯足以畜妻子。”

“物刑(形)之”,使事物完善。“刑(形)之”,使事物形体、

形态的发展，臻于完美完成的境界。

“而器成之”，而使器具制成。帛书甲、乙本如此；王弼本、河上公本、傅奕本均作“势成之”。张舜徽说：“王本作‘道生之，德畜之，物形之，势成之’。末二句语意难明，今据帛书甲、乙本写正。”张说宜从。

“夫莫之命而常自然”，“命”，命令，都指某种意志的决定。“自然”，指一种自然的本性和状态。车载说：“老子提出‘夫莫之命而常自然’的见解，说明万物是在无为自然的状态中生长的。‘莫之命’，即孟子所说‘莫之为而为者天也’的意思。万物的生长，是顺应着客观存在的自然规律而生长的，各自适应着自己所处的具体环境而生长的，根本就不可能有所谓主持者加以安排，然后才能生长的。这一点，是老子反对鬼神术数的表现，反对有神论的表现。就万物的生长都需要依据着客观自然界存在的规律来说，老子称之为‘道生之’。就客观自然界存在的规律具体运用于万物的生长来说，老子称之为‘德畜之’。万物的生长，既然必须依据自然的规律，而为自然界的规律的具体运用，所以‘万物莫不尊道而贵德’。但万物的尊道贵德，也仅为对自然界的规律的依据与运用，不是另有什么主宰者加以命令与安排的，这种现象，老子认为是无为自然的状态，所以说‘夫莫之命而常自然’。”

这里必须进一步明确“万物的生长”是人“需要依据着客观自然界存在的规律”“具体运用”，而不是“枯坐拱手而化行若驰”的自然哲学。是人“尊”“道生之”，“贵”“德畜之”，“长之育之，亭之毒之，养之覆之”也。

“故道生之，德畜之”，所以按照“道”使之生长，按照“德”使之养育。

“长之育之，亭之毒之，养之覆之”，“亭”、“毒”，有两种解释：一、化育养成。《文选·刘峻〈辨命论〉》：“生之无亭毒之心，死之无虔刘之志。”李周瀚注：“亭，毒，均养也。”二、作“成”、“熟”讲。河上公本和其他古本“亭之毒之”多作“成之熟之”。高亨说：“‘亭’，当读为‘成’，‘毒’当读为‘熟’，皆音同通用。”因承前句“长之育之”，后当言“成之熟之”，从后释。这就是生长发育，结果成熟，培养保护。

“生而不有，为而不恃，长而不宰，是谓玄德”，事业生长而不占有，有作为而不自恃，为官长而不武断，这就是普遍性经验。

老子说：

按照“道”使之生长，按照经验使之养育。使事物完善，而使器具制成。因此凡事都要遵循“道”而贵重积累经验。

“道”的遵循，积累经验的贵重，那就不是主观意志的决定而常表现为一种自然状态。

按照“道”使之生长，使之养育，生长发育，结果成熟，培养保护。

事业生长而不占有，有作为而不自恃，为官长而不武断，这就是深远的经验。

五十二章　两个认识过程的互相联结

——由特殊到一般，又由一般到特殊

天下有始，以为天下母。既得其母，以知其子；既知其子，复守其母，没身不殆。

塞其兑，闭其门，终身不勤；启其兑，济其事，终身不救。

见小曰明，守柔曰强。用其光，复归其明，无遗身殃，是谓袭常。

主旨主要论述两个认识过程的互相联结——由特殊到一般，又由一般到特殊。在这里，特殊就是所谓“子”，一般就是所谓“母”。这是因为各种具体事物都是由原始物质——“道”所产生和发展出来的。

“天下有始，以为天下母”，“始”，古始，指世界的本原，诸种事物的共同的本质。“母”即“始”，意为产生世界的最初的根源。

“既得其母，以知其子”，既已认识了这种共同的本质，就要以之作为指导来研究各种具体的事物。“子”，指由本原产生的东西，即“天下万物”等具体的事物。认识了诸种事物的共同的本质，就要以之作为指导继续向着尚未研究过的或者尚未深入地研究过的各种具体事物进行研究，找出其特殊的本质，以补充、丰富和发展对共同的本质的认识,这就是由一般到特殊。

"既知其子,复守其母",既已认识了许多不同事物的特殊的本质,还要进一步进行概括工作,认识诸种事物的共同的本质,这就是由特殊到一般。

然而老子在这里是先讲了由一般到特殊,再讲由特殊到一般的。这不是说认识就是这样开始的。那是因为已经提到了世界的共同的本质,"始"、"母",乃先讲由一般到特殊的。

老子是懂得认识运动的秩序的。其"道"就是"自今及古","从有返无",取得认识的。且人类已由蒙昧进入文明时代,处在认识的历史过程中。无论认识任何事物,都要以既得的理论为指导。实际上,这就是由特殊到一般,又由一般到特殊这个认识过程的互相联结的运用。因为对于局部来说是先由一般到特殊,而对于全体来说仍是先由特殊到一般的。

这就是两个认识过程的联结。这样就"没身不殆",一生立于不败之地了。

认识的秩序如此,老子不忘告诫:

"塞其兑,闭其门,终身不勤",四十九章讲认识要求"常无心",五十六章把"塞""兑"、"闭""门"同"不可得而""亲"、"疏"、"利"、"害"、"贵"、"贱"相联系,可知是闭塞私心、邪欲的门兑。老子要求有淳朴的心境,对此极为重视。如此就终身不犯错误。"勤",马叙伦说:"借为'瘽',《说文》:'病也。'"引申为错误。

"启其兑,济其事,终身不救",打开这一孔穴来达到私欲的目的,终身不可救药,完全采取客观的态度,乃能取胜。"见小曰明,守柔曰强。用其光,复归其明,无遗身殃,是谓袭常。"乃能以"明""见小",以"强""守柔",乃能运用这一理论的光辉,恢复认识的明察,不给自己带来祸殃。这就是应当永远保持的"常道"。

老子说:

世界是有本原的,这种本原是产生世界的母亲。既已认识了这种共同的本质,就要以之作为指导来研究各种具体的事物;既已认识了各种具体的事物,还要进一步概括认识诸种事物的共同的本质。这样就一生立于不败之地。

塞住私心的孔穴,关闭邪欲的门洞,终身不患错误。打开这一孔穴来达到私欲的目的,终身不可救药。

看见小东西叫做"明",保持柔弱叫做"强",运用这一理论的光辉,恢复认识的明察,不给自己带来祸殃,这就是应当永远保持的"常道"。

五十三章 批判锋芒指向奴隶主贵族

使我介然有知，行于大道，唯施是畏。

大道甚夷，而民好径，朝甚除，田甚芜，仓甚虚，服文彩，带利剑，厌饮食，财货有余，是谓盗夸，非道也哉！

本篇批判的锋芒指向没落的奴隶主贵族。

“把问题提到一定的历史范围之内”，当时的新兴封建“侯王”，如“田常上请爵禄而行之群臣，下大斗斛而施于百姓”（《韩非子·二柄》），实行争取人民的策略，这已成为一个历史的潮流，故曰：“大道甚夷”。而“灭国”、“绝世”的“逸民”（参见《论语·尧曰》），“损不足以奉有余”，继续坚持没落的奴隶制，故曰“好径”。于是奴隶逃亡，“适彼乐土”。劳动力少了，故“田甚芜，仓甚虚”；但仍放不下架子，“服文彩”，“带利剑”，“厌饮食”——非好的不食。“无可奈何花落去”，这生动地描绘了一幅在政治、经济以至生活上没落的绝妙的图景。

“使我介然有知”，“介”，《荀子·修身》：“善在身，介然必有自好也。”杨倞注：“介然，坚固貌。”则是使我有坚定的认识。

“行于大道，唯施是畏”，“施”，通迤，斜行也。《孟子·离娄下》：“蚤起，施从良人之所之。”赵注：“施者，邪施而行。”韩非《解老》说：“书之所谓大道者也，端道也。所谓貌施也者，邪道也。"则是要走大道,唯恐误入歧途。

"大道甚夷,而民好径","民",承上文,指"朝甚除"之民,即失去贵族属籍和权力的奴隶主贵族残余分子。这些人在"王道缺,礼乐衰","诸侯相兼"的形势下,"灭国"、"绝世"成了"逸民",故为民。"民",景龙本、李约本、次解本均作"人"。奚侗说:"各本皆误作民,与下文谊不相属。"这是未知和未提到战国中、后期历史范围之内来考察故也。大道很平坦,而奴隶主贵族的"逸民"坚持走没落的小径。

"朝甚除,田甚芜,仓甚虚,服文彩,带利剑,厌饮食,财货有余,是谓盗夸,非道也哉",王弼注:"朝,宫室也;除,洁好也。"河上公注:"高台榭,宫室修。"陆希声说:"观朝阙,甚条除,墙宇甚雕峻,则知其君好土木之功,多嬉游之娱矣。"但田园很荒芜,仓库很空虚,穿着文彩的衣服,佩带锋利的宝剑,厌弃普通的饮食,占有多余的财货,这叫做大盗,是多么不合理啊!

老子说:

假使我有坚定的认识,就要走大道,唯恐误入歧途。

大道很平坦,而奴隶主贵族的"逸民"坚持走没落的小径。宫室很整洁,田园很荒芜,仓库很空虚,穿着文彩的衣服,佩带锋利的宝剑,厌弃普通的饮食,占有多余的财货,这叫做大盗,是多么不合理啊!

五十四章　保持思想与“道”不相脱离

善建者不拔，善抱者不脱，子孙以祭祀不辍。

修之于身，其德乃真；修之于家，其德乃余；修之于乡，其德乃长；修之于国，其德乃丰；修之于天下，其德乃普。

故以身观身，以家观家，以乡观乡，以国观国，以天下观天下。

吾何以知天下之然哉？以此。

本篇论述办事在于保持思想与“道”不相脱离，善于建立功业的人坚定不移，后人就会永远纪念他。“善建者不拔”，“建”，建树；“拔”，移易。《易·乾·文言》：“确乎其不可拔。”“子孙以祭祀不辍”，此言获得后人纪念不停也。

个人的事情做到这点，他的经验就真实，“修之于身，其德乃真”，“修”，修身，使个人的某一或某些方面经过学习锻炼达到某一种境界，这里指认识和处事言之；“德”，得事宜也，指经验。以下同。

一家的事情做到这一点，他的经验就有余；一乡的事情做到这一点，他的经验就更长；一国的事情做到这一点，他的经验就丰富；天下的事情做到这一点，他的经验就广博。

那么，怎样才能做到这一点呢？

老子强调要“以身观身，以家观家，以乡观乡，以国观国，以天下观天下”,从身、家、乡、国、天下的实际情况出发,找出规律,应用于“治”。这种规律要是固有的而不是臆造的,要凭客观存在的事实,而不是主观想象,这就是要客观地观察事物,严格地从情况出发,引出思想。

我怎么知道天下的情况是这样呢?就是依据这个方法。应该说,这就是唯物论的认识论,朴素、简明而深刻。

老子说:

善于建立事业的人坚定不移,善于使思想与“道"相合的人适应不脱,后人将永远纪念他。

个人的事情做到这一点,他的经验就真实;一家的事情做到这一点,他的经验就有余;一乡的事情做到这一点,他的经验就更长;一国的事情做到这一点,他的经验就丰富;天下的事情做到这一点,他的经验就广博。

按照个人的情况观察个人,按照一家的情况观察一家,按照一乡的情况观察一乡,按照一国的情况观察一国,按照天下的情况观察天下。

我怎么知道天下的情况是这样呢?就是依据这个方法。

五十五章　事物壮大到极点就走向衰老，叫做失去现实性，失去现实性就走向死亡

含德之厚，比于赤子，蜂虿虺蛇不螫，猛兽不据，攫鸟不搏。骨弱筋柔而握固，未知牝牡之合而朘作，精之至也。终日号而不嗄，和之至也。

知和曰常，知常曰明。

益生曰祥，心使气曰强，

物壮则老，谓之不道，不道早已。

主旨论述具有厚德的人，“比于赤子”，好比那淳朴的赤子，即使遇着恶劣环境，“蜂虿虺蛇不螫，猛兽不据，攫鸟不搏”，“蜂虿”即“蜾虿”，“虺蛇”即“虫蛇”。河上公本作“毒虫不螫”，傅奕本作“蜂虿不螫”。“攫鸟”，凶鸟。“攫”（jue 绝），指抓，夺，“攫鸟”，以爪嘴夺肉的凶鸟，鹰隼之类。“以尾端肆毒曰‘螫’。”“据”，高亨说：“兽以爪攫物曰‘豦’，古书通以据为之。《战国策·楚策》：‘两虎相据。’……《盐铁论·击之篇》：‘虎兕相据而蝼蚁得志。’相据谓以爪相攫也。”言遇险也能处置得当，转危为安。

具有厚德的人，有如赤子精气和谐，“骨弱筋柔而握固”，他骨筋柔弱而拳头握得很紧。“未知牝牡之合而朘作”，还不懂男

女交合而小生殖器勃起，“终日号而不嗄”，整天号哭而声音不哑，他的精力是旺盛的，两者得到高度的统一，故谓之“和之至也”。这是比喻具有深厚经验的人，“在己无居”，“其静若镜”，“知其雄，守其雌”，他总是谦慈的，“其动若水”，“其应若响”，使“形物自著”，追求客观真理，他总是进取的，孜孜不倦。此所以老子每以“赤子”、“婴儿”比之，把它作为修养的理想境界，与人“和”，与物“和”，也就是与“道”“和”，此之谓“常”也。“常”是认识的准则，认识之“道”。王弼注：“德者，得也……何以得德？由乎道也。”“和”是对立的统一，由对立产生统一。对立时要“和”，所以求统一也，统一时则“和”之至也。此之谓“常”，此所以由乎“道”也。反之，气壮如牛则老矣。

荀况说：“老子有见于诎，无见于信。”（《荀子·天论》）盖未知其从认识论言之也。

“益生曰祥”，“祥”，妖祥，指妖孽，祸殃。《庄子·庚桑楚》：“孽狐为之祥。”这是说贪求生活享受叫做祸殃。

“心使气曰强”，由私心使动意气叫做强。“挫锐解纷，和光同尘”，尚不知为何物也。

“物壮则老，谓之不道，不道早已”，德国哲学家，古典唯心论的集大成者黑格尔曾提出“凡是现实的都是合理的”之重要命题，恩格斯在《路德维希·费尔巴哈和德国古典哲学的终结》一书中写道：“在黑格尔看来，凡是现存的决非无条件地也是现实的。在他看来，现实的属性仅仅属于那同时是必然的东西……在发展进程中以前的一切现实的东西都会成为不现实的，都会丧失自己的必然性、自己存在的权利、自己的合理性；一种新的、富有生命力的现实的东西就会起来代替正在衰亡的现实的东西……”然则，“合抱之木，生于毫末”，其“长”、“育”、

“亭”、“毒”之上升过程是现实的；由“壮”而“老”而“衰亡”的过程，就成为不现实了。老子谓之“不道”，不合于生长上升之“道”，即丧失了现实性。可见古今异域哲人观点之相通也。

老子说：

具有厚德的人，好比那淳朴的赤子，毒虫不刺，猛兽不扑，恶鸟不击。骨弱筋柔而拳头握得很紧，未知男女交合而小生殖器勃起，精力旺盛极了。终日号哭而声音不哑，精气和谐极了。

知道“和”叫做“常”，知道“常”叫做“明”。

贪求生活享受叫做“祸殃”，由私心使动意气叫做“强”。

事物壮大到极点就走向衰老，叫做失去现实性，失去现实性就走向死亡。

五十六章　怎样“知和”、“知常”

知者不言，言者不知。塞其兑，闭其门；挫其锐，解其纷，和其光，同其尘；是谓玄同。

故不可得而亲，不可得而疏；不可得而利，不可得而害；不可得而贵，不可得而贱，故为天下贵。

主旨承上章“知和曰常，知常曰明”，那么，怎样“知和”、“知常”呢？

“知和”、“知常”的人重视言论，“贵言”，主张“希言”，认为“多言数穷”，提出“不言之教”的见解。这就是“知者不言，言者不知”的基本思想。

正确的我听着，不正确的我也听着，便于得到正确的；可信的我听着，不可信的我也听着，便于得到可信的。此所以“知者不言，言者不知”也。

事物无不有其必然的过程，这是一个普遍的规律，这是人必须遵循的。懂得这一点的人不言说，言说的人不懂得，这是对“不言之教”的发挥。

世界上的事情是复杂的，“塞其兑，闭其门”，要闭塞成见、私心的门洞；“挫其锐，解其纷”，现象锐露于外，纷然淆乱，充满尘埃，超尘脱俗不现实，也未必众人皆浊。因此，要把“道”的

“光辉”和现象的“尘埃”统一起来，取得正确的认识和相宜的措施，这就叫做“玄同”，“玄同”者，与深远之“道”相合也。

车载说：“只有化除成见、没有私心的人，才能对于好的方面，不加阻碍的让它尽量发挥作用，对于不好的方面，也能因势利导、善于帮助它发挥应有的作用，‘同其尘’，是对立的统一道理的较高运用。”（车载《论老子》）“化除成见，没有私心”，故不受“亲”、“疏”、“利”、“害”、“贵”、“贱”的影响，“故为天下贵”。

“和光同尘”，此言对事物的分析。事物表现为现象与本质，现象锐露于外，淆然纷乱，而本质则是隐蔽的。然而本质亦表现为现象，只有通过现象，乃能认识本质。本质有如光照，现象似是尘埃，抓住了本质，光照尘埃，事理就明白了。和光同尘，挫锐解纷，正说玄同之义也。然亦有“裒多益寡，称物平施”，不为皎皎之操，突出一己，脱离群众之深意焉。把它理解为与世沉浮，同流合污，则殊失之矣。

老子说：

懂得“和”、“常”的人不多说，多说的人不懂得。

堵塞成见的孔穴，关闭私欲的门洞，去掉锐露的现象，解除它的纷乱，把“道”的“光辉”和现象的“尘埃”统一起来，这叫做与深远之“道”相合。

所以“不可得而亲”、“不可得而疏”、“不可得而利”、“不可得而害”、“不可得而贵”、“不可得而贱”，不受所有这些因素的的影响，所以最为天下贵重。

五十七章 “无为”原理在政治和军事上的应用

以正治国，以奇用兵，以无事取天下。吾何以知其然哉？以此。

天下多忌讳而民弥贫，民多利器，国家滋昏，人多伎巧，奇物滋起。法令滋彰，盗贼多有。

故圣人云：我无为而民自化，我好静而民自正，我无事而民自富，我无欲而民自朴。

主旨论述“无为”原理在政治和军事上的应用。“治国”以其“正”，“用兵”以其“奇”，“取天下”以其“无事”，皆“无为”也。

什么是“正”呢？

“民之饥，以其上食税之多”，“民之难治，以其上之有为”，“民之轻死，以其上求生之厚”，“食税之多”，“有为”，“求生之厚”，“朝甚除”，“服文彩”，“带利剑”，“财货有余”，皆非“正”也。

“处上而民不重，处前而民不害”，“损有余而益不足”，“执左契而不责于人”，实行“有德”政治，“乐与饵”，实行争取人民的策略，则“正”矣。

什么是"奇"呢?

"不以兵强天下","不得已而用之","抗兵相若,哀者胜矣","杀人之众,以哀悲莅之,战胜以丧礼处之",要是正义战争。要"善战",不受激怒(不怒);"善胜敌",不必直接交锋(不与);出以诡谋,张以歙之,强以弱之,兴以废之,与以取之,则"奇"矣。

什么是"无事"呢?"处无为之事","或行或随,或歔或吹;或强或羸,或挫或隳","去甚、去奢、去泰",则"无事"矣。

总之,遵循"道"(尊道),重视积累经验(贵德),使思想与深远之"道"相合,这是最根本的准则。

忌讳,利器散于民间,镇压奴隶和强制平民纳税的法令,应该说还包括执法之物如牢房、刑具之类在内,故有的版本作"法令滋彰"。

春秋从公田奴隶制演变为私田奴隶制,类皆实行法治,以强化对于奴隶和平民的压迫。据史书记载,有所谓"五伯"之法,晋文公的"被庐之法",子产的"刑书"等。故后来"陪臣秉政",实行封建变革,乃有法家"变法"。"法令滋彰",当指私田奴隶主的"旧法",而"盗贼多有",郑国是一个典型的史例。"郑人铸刑书"(《左传》昭公六年)公布法律,"郑国多盗,取人于萑苻之泽"(《左传》昭公二十年),这里记述的是当时的史实。都是于国于民不利的,应该反对的。

我适合人民痛疾以厚救之而民自归化。"乐与饵",实行争取人民的策略,如齐国田陈氏"民人痛疾,而或燠休之,其爱之如父母,而归之如流水"(《左传》昭公三年)。我冷静地使人民安于太平生活而民自走上正道。我不以奉养奢厚为事而民自富裕。我以没有私欲贪求穷奢极乐而民自淳朴。

老子说：

以“正”的政治方向治国，以“奇”的战略战术用兵，以适合形势的战略战术取天下。我怎么知道是这样的呢？就是根据这些原则。

天下的忌讳越多，而人民越趋于贫困；民间的利器越多，国家越陷于昏乱；人们的伎俩巧诈越多，越引发很多反常的事；奴隶主贵族的法令越严明，盗贼越增多。

因此“圣人”的话说，我适合人民痛疾以厚救之而民自归化，我冷静地使人民安于太平生活而民自走上正道，我不以奉养奢厚为事而民自富裕，我没有私欲贪求享乐而民自淳朴。

五十八章　祸兮福之所倚,福兮祸之所伏

其政闷闷,其民淳淳。其政察察,其民缺缺。祸兮福之所倚,福兮祸之所伏。孰知其极,其无正?

正复为奇,善复为妖。人之迷,其日固久。

是以圣人方而不割,廉而不秽,直而不肆,光而不耀。

主旨承前章"以正治邦"引出的原则,认为"无为"、"好静"、"无事"、"欲不欲","其政闷闷"。"闷",借为"浼",污染。作为下文"察察"的对文,则为宽宏之义。政治宽厚,"其民淳淳","淳淳",即淳朴。这里进一步阐述之。反之,则"其政察察,其民缺缺",政治严酷,人民穷缺。这里包含着客观的辩证法,是"为道"的"侯王"必须注意的。这种辩证法是什么呢?

老子把它高度概括为"祸兮福之所倚,福兮祸之所伏"这样两句名言。这是警告统治者不要认为人民踩在自己的脚下,可以降祸,为所欲为。祸却是紧随着幸福的。不要认为自己权力在手,处在福中,可以"益生"、"使气"。幸福却是埋伏着灭祸的。

那么,"孰知其极,其无正",谁知道它的极致呢?难道没有一个定准吗?

回答是肯定的。"正复为奇,善复为妖",正面可以变成反面,好事可以变成坏事.这是一个普遍的规律。可见是因一定

条件变化的。只是“人之迷，其日固久”，事物本来是变动不居的，而人们把祸看成只是祸，把福看成只是福，而不知祸中包含着福，福中包含着祸，是可以互相转化的，故谓之“迷”。在哲学史上，老子是把辩证法作为自然界和社会中的最一般的规律提出来的。“躁胜寒，静胜热”，“天下之至柔驰骋天下之至坚，无有入无间”，此自然之辩证法也；“祸兮福之所倚，福兮祸之所伏”，此社会之辩证法也。而概言之曰“正复为奇，善复为妖”，就成为一般的原则，并集中表达为“反者，道之动；弱者，道之用”的公式，这就是他的伟大的贡献。人们迷惑于用不变的观点看事情，时日已久，成了恶习，乃不懂得罢了。

由此引出立身处世的原则。“方而不割”，韩非说：“所谓方者，内外相应也，言行相称也。”“虽中外信顺，不以诽谤穷堕。”(《韩非子·解老》)吴澄说：“‘方’如物之方……无旋转，其遇事触物，必有所伤害。圣人则不割。”圣人“和光同尘”，不严于责人，故不割也。

“廉而不秽”，韩非说：“所谓廉者，必生死之命也，轻恬资财也。”“虽死节轻财，不以侮罢羞贪。”“不以侮罢羞贪”，即不秽之义。

“直而不肆”，韩非说：“所谓直者，义必公正，公心不偏党也。”“虽义端不党，不以去邪罪私。”吴澄说：“直者不能容隐，纵肆其言，以讦人之短。圣人则不肆。”

“光而不耀”，韩非说：“所谓光者，官爵尊贵，衣裘壮丽也。”

这就是说方正而不严于责人，清廉而不以天下为浊，正直而不肆无忌惮，光荣而不自我炫耀。因为“众人多而圣人寡，寡之不胜众，数也。今举动而与天下之人为雠，非全身长生之道也，是以行轨节而与之也”(《韩非子·解老》)。

老子说：

政治宽宏，人民淳朴；政治严酷，人民穷缺。

灾祸紧跟着幸福，幸福隐伏着灾祸。谁知道它们的准则呢？难道没有一个定准吗？

正面可以变成反面，好事可以变成坏事。人们用不变的观点看事情的迷惑，那日子是很久了。

因此“圣人”方正而不严于责人，清廉而不以天下为浊，正直而不肆无忌惮，光荣而不自我炫耀。

五十九章　遇事取分析(啬)态度的重要性

治人事天莫若啬。夫唯啬，是谓早服。早服谓之重积德。重积德，则无不克；无不克，则莫知其极；莫知其极，可以有国。有国之母，可以长久，是谓深根固柢长生久视之道。

主旨论遇事取分析(啬)态度的重要性。对分析(啬)下了确切定义，这就是"早服"，事先找出其道理而服从之。

"治人事天莫若啬"，"以道佐人主"，"以正治国，以奇用兵，以无事取天下"，"治人"也；"三十辐共一毂"，"埏埴而为器"，"凿户牖以为室"，"走马以粪"，"长之育之，亭之毒之，养之覆之"，"事天"也。成玄英："天，自然也。""啬"，分析也。韩非《解老》说："啬之者，爱其精神，啬其智识也。"又说："众人之用神也躁，躁则多费，多费之谓侈。圣人之用神也静，静则少费，少费之谓啬。"可见韩非这一诠释是着眼于"众人"与"圣人""用神"的比较来说的。众人用神躁，不虚心，存有私心邪欲，极其聪明，尽其知识，不能得道理，故曰："多费"。圣人用神静，虚心，不存私心邪欲，反而得道理，故曰："少费"。这是符合于认识的实际的。然而，这里讲的只是认识心境的影响，还未进到实际认识的阶段。所以韩非进一步说："啬之谓术也，生于道理。夫能啬也,是从于道而服于理也。众人离于患,陷于祸,犹未知退而服从道理。"这就把"啬"从"用神"的心境推进到实际认识的阶段了。

"啬之谓术","是谓早服",分析这一方法,还在于找出其道理而服从之;而且在于"未见祸患之形",就能找出其道理而服从之。道理存在于事物现象的深处,"玄之又玄","损之又损","将丰富的感觉材料加以去粗取精、去伪存真、由此及彼、由表及里的改造制作工夫,造成概念和理论的系统,就必须从感性认识跃进到理性认识"(毛泽东《实践论》),更深刻、更正确、更完全地反映客观事物,不能有一点主观成分。"众人之用神也躁",其于"分析(啬)"则每为"丰富的感觉材料"所迷惑,故"多费"而不能得道理。"圣人之用神也静",其于"分析(啬)"则每"把它的现象只看作入门的向导,一进了门就要抓住它的实质"(毛泽东《星星之火,可以燎原》),故"少费"而得。可见"啬"在这个阶段,就有着对于现象的去取,产生了概念、判断和推理,这就是分析。事物的现象,锐露于外,淆然纷乱,表现丰富;事物的本质,深藏于里,恍惚而隐,表现朴素,唯有周密的分析,乃能出之,此"啬"之所以"谓术"也。

"早服谓之重积德","重",多也,引申为不断义;"德","得事宜"也,即经验。这就是事先找出其道理而服从之,这叫做不断地积累经验。

"重积德,则无不克",不断地积累经验,可无往而不胜利。

"无不克,则莫知其极",韩非《解老》说:"体道则其智深,其智深则其会远,其会远,众人莫能见其所极。""极",极致,最高的造诣。这就是没有谁知他的极致。

"莫知其极,可以有国",韩非《解老》说:"夫能有其国,必能安其社稷。”可以担负治国的重任。

“有国之母，可以长久”，韩非《解老》说：“所谓有国之母，母者，道也，道也者生于所以有国之术，所以有国之术，故谓之有国之母。夫道以与世周旋者，其建生也长，持禄也久，故曰有国之母，可以长久。”

“是谓深根固柢长生久视之道也”，韩非《解老》说：“建于理者其持禄也久，故曰深其根；体其道者其生日长，故曰固其柢。柢固则生长，根深则视久。”“长生久视”，言立身“建于理”，“体其道”，则终身站得住脚也。

老子说：

治理人事，从事自然工作，没有比取分析态度更好的了。只有取分析态度，才能事先找出其道理而服从之。

事先找出其道理而服从之，这叫做不断地积累经验。不断地积累经验，可无往而不克胜。无往而不克胜，就没有谁知他的极致。没有谁知他的极致，可以担负治国的重任。掌握了治国之道，可以立身长久，这就是根深柢固终生站得住脚的道理。

六十章 治大国,其间有个规律

治大国,若烹小鲜。

以道莅天下,其鬼不神;非其鬼不神,其神不伤人。

非其神不伤人,圣人亦不伤人。夫两不相伤,故德交归焉。

主旨论述以“道”治天下的重要性。

“治大国,若烹小鲜”,自韩非《解老》谓“烹小鲜而数挠之则贼其泽”出,王弼注“不扰也”,傅山说“不多事琐碎也”,乃沿误至今。烹小鲜必两面挠之,非谓不能数挠之也。而是要“动善时”,掌握火候,及时挠之。早则碎,晚则焦。这是说其间也有一个规律。

“以道莅天下”,莅,涖,临也。古代君王临朝听政,治理也。

“其鬼不神”,高亨说:“此神字借为魋。《说文》:魋,神也,从鬼,申声。盖鬼灵曰魋……其鬼不魋,犹言其鬼不灵耳。”“不灵”,即不起作用。

“非其鬼不神,其神不伤人”,不是那鬼不起作用,是那鬼的作用不伤害人民。

“非其神不伤人,圣人亦不伤人”,不但鬼的作用不伤害人民,圣明的执政者的治理也应不伤害人民。

“夫两不相伤”,鬼的作用和圣明的统治者的治理对人民都没有也应没有伤害。

“故德交归焉”，韩非《解老》说：“言其德上下交盛而俱归于民也。”王弼注：“神圣合道，交归之也。”皆未得也。“德”借为“得”。四十九章“德善”、“德信”，是“得”的例证。鬼神之所以起作用，并能伤害人民，那是由于执政者未能按“道”办事的缘故。这明白地提出了无神论的思想。执政者不守“道”，亦能伤害人民。“食税之多”，“有为”，“求生之厚”，人民就饥饿，难治，甚至轻于犯死，铤而走险。春秋战国年间，新兴封建“侯王”采取争取人民的策略，是“以道莅天下”。如齐国“公弃其民而归于陈氏”，“其爱之如父母，而归之如流水”（《左传》昭公三年）。是“德交归焉”。这是对新兴封建“侯王”的赞赏和支持。

老子说：

治大国如煎小鱼一样（，其间也有一个规律）。

以“道”治理天下，那鬼不起作用。不是那鬼不起作用，是那鬼的作用不伤害人民。

不但那鬼的作用不伤害人民，圣明的统治者的治理也应不伤害人民。

只有那鬼的作用和圣明的统治者的治理对人民两不相伤，所以才得到人民交相归附。

六十一章　属意于新兴大国统一天下

大国者下流，天下之交，天下之牝。牝常以静胜牡，以静为下。

故大国以下小国，则取小国；小国以下大国，则取大国。故或下以取，或下而取。

大国不过欲兼畜人，小国不过欲入事人，夫两者各得其所欲，大者宜为下。

主旨着重论证“取天下”的“谦雌”原理，即“守雌”原理。

二十九章从敌我双方的运动和强弱论证“取天下”的“无为”原理，这里则是从主观心境方面来着眼的。

“大国者下流，天下之交，天下之牝”，大国如江海处于下流，是天下的交汇和枢纽，天下的根本。“牝”，母，指根本所在。

“牝常以静胜牡，以静为下”，吴澄说：“牝不先动以求牡，牡常先动以求牝。动求者招损，静俟者受益，故曰‘以静胜牡’。”“牝”，借指保持谦雌者；“牡”，借指强雄者。这就是取喻保持谦雌的人常以冷静战胜强雄，应取冷静而保持谦雌的态度。

“故大国以下小国，则取小国”，所以大国以谦雌的态度对待小国，则能取信于小国。

“小国以下大国，则取大国”，小国以谦雌的态度对待大国，则能取信入事于大国。

“故或下以取，或下而取”，承上“大国以下小国，则取小国”，因其“大”所以“取”，故曰“以取”；同样，承上“小国以下大国，则取大国”，因其“小”竟然“取”，是事有难处，故曰“而取”。

“大国不过欲兼畜人，小国不过欲入事人”，大国不过想兼容小国，小国不过想入事或受保护于大国。

“夫两者各得其所欲，大者宜为下”，那么，大国、小国都有可能达到各自的目的，大国更应该保持谦雌的态度。这说明春秋战国时期，诸侯纷争，老子更属意于新兴封建变革的大国统一天下。

老子说：

大国如江海处于下流，是天下的交汇和枢纽，天下的根本。

保持谦雌的人常以冷静战胜强雄，应取冷静而保持谦雌的态度。

所以大国以谦雌的态度对待小国，就可能取信于小国；小国以谦雌的态度对待大国，就可能入事或受保护于大国。所以有的大国以其谦雌所以取信于小国，有的小国以其谦雌而入事或受保护于大国。大国不过想兼容小国，小国不过想入事或受保护于大国。大国、小国都有可能达到各自的愿望，那么大国更应当保持谦雌的态度。

“六王毕，四海一”，老子的这一预见，终于成为伟大的历史现实。

六十二章　“道”对于“天子”的重要性

道者万物之奥，善人之宝，不善人之所保。

美言可以市，尊行可以加人。人之不善，何弃之有？

故立天子，置三公，虽有拱璧以先驷马，不如坐进此道。

古之所以贵此道者何？不曰求以得，有罪以免邪？故为天下贵。

主旨论述“道”的重要性。“道”是诸种事物的共同的本质，藏于万物的深处，故曰：“万物之奥”。“奥”，《广雅·释诂》：“奥，藏也。”河上公注：“奥，藏也。道为万物之藏，无所不容也。”

“善人之宝，不善人之所保”，善人以之作为立身处事的法宝，“善于为道”的“圣人”执政，“常善救人”，不善人乃“有罪以免”。河上公注：“道者，不善人之保倚也，遭患逢急，犹自知悔卑下。”

“美言可以市，尊行可以加人。人之不善，何弃之有”，“美言”、“尊行”句下承“人之不善”，可知为虚伪之言行。“美言”，八十一章作“美言不信”，则是哗众取宠的不可信验之言。“市”，购买，引申为收买。奚侗说：“市，当训取。”“尊行”与“美言”并提，其义相属，则是尊敬奉承之行。“加”，《说文》：“语相增加也。”诬也，当训为“欺”。那就是华美的言辞可以取信，尊敬奉承的行为可以欺人。人有缺点错误，那是正常现象，何能一棍子打死，把他抛弃呢？

“故立天子，置三公”，“三公”，司马、司徒、司空也，太师、太傅、太保也，泛指大臣。“虽有拱璧以先驷马”，这是古代献礼的仪式。“拱璧”，王弼注曰“拱抱宝璧”，是双手捧璧。“驷马”，四匹马驾驶的重车。蒋锡昌说：“古之献物，轻物在先，重物在后。‘拱璧以先驷马’，谓以拱璧为驷马之先也。”“道”比“拱璧”和驷马所载的重物更重要，因此，“不如坐进此道”。这正说明“道”的无上重要性，是非宝物所可比拟的。

古代对于“道”为什么这样重视呢？“不曰求以得，有罪以免邪？故为天下贵。”“求以得”，王弼本作“以求得”；景龙本、敦煌本、严遵本、顾欢本、苏辙本、林希逸本、范应元本、吴澄本均作“求以得”。俞樾说：“唐景龙碑及傅奕本并作‘求以得’，正与‘有罪以免’相对成文，当从之。”岂不是说有求可以取得，有罪可以赦免吗？所以最为天下贵重。

老子说：

“道”藏于万物的深处，善人的法宝，不善人之所以得到保全。

华美的言辞可以取信，尊奉的行为可以欺人。有缺点错误的人，何必把他抛弃？

所以天子即位，大臣就职，虽有“拱璧”在先，“驷马”随后，不如坐着进献此“道”。

古代对于“道”为什么这样重视呢？岂不是说有求可以取得，有罪可以赦免吗？所以最为天下贵重。

六十三章 如何做事

为无为，事无事，味无味。大小多少，报怨以德。

图难于其易；为大于其细。天下难事，必作于易；天下大事，必作于细。是以圣人终不为大，故能成其大。

夫轻诺必寡信，多易必多难。是以圣人犹难之，故终无难矣。

主旨讲认识论，讲一个如何做事的问题。

“为无为，事无事，味无味”，第一个“为”、“事”、“味”字，动词，“以……为”、“以……事、“以……味”也。“无为”、“无事”、“无味”，动词的宾语，即以“无为”为、以“无事”事、以“无味”味也。第二个“为”字，行为，计会也。韩非说：“万物莫不有规矩，议言之士，计会规矩也。”(《韩非子·解老》)是人们在行事之前为了使行为符合事物的规矩，必须计会也。“为无为”，即不主观地计会也。第二个“事”字，从事，行为的客观化，计会之见于行动也。“事无事”，即不主观地从事也。第二个“味”字，品评，研究体会，行为的事后回顾，体味，体验，即今之所谓总结者也。“味无味”，即不主观地品评也。以上是人们行事的一个全过程，都含有不主观的义蕴。

不主观地计会，不主观地从事，不主观地品评，那是有着客观标准的。

“大小多少，报怨以德”，个人恩怨，无论大小多少，以德报怨，持一种宽大的胸怀以对待世事。

“图难于其易；为大于其细”，一切事情，要从客观实际着眼，从小处入手，视事太易，必致大难。克服困难从易事做起，干大事从小事做起。

“天下难事，必作于易；天下大事，必作于细”，天下难事，必由易事形成，天下大事，必由小事积累。

“是以圣人终不为大，故能成其大”，“终不为大”，是从不忽略小事，所以能成就大业。

末段以“轻诺必寡信”排比“多易必多难”引论之。最后以“圣人犹难之，故终无难矣”作结，把事情看得艰难，就终究不存在难事了。阐述了关于难、易的辩证法。

老子说：

不主观地计会，不主观地从事，不主观地品评。个人恩怨，无论大小多少，以德报怨。

克服困难从易事做起，干大事从小事做起。天下难事，必由易事形成，天下大事，必由小事积累。因此“圣人”从不忽略小事，乃能成就大业。轻于许诺必少诚信，视事太易必多艰难。

因此“圣人”还是把事情看得艰难，所以终不存在难事了。

说得多么透彻、精辟和实在，盖其理论精邃，如“飞龙在天”，仰之弥高；其实践丰富，如“见龙在田”，俯之弥深。孔子曰：“……老子其犹龙邪？”

六十四章　做事要有预见、预谋和准备

其安易持，其未兆易谋。其脆易泮，其微易散。为之于未有，治之于未乱。

合抱之木，生于毫末；九层之台，起于累土；千里之行，始于足下。

为者败之，执者失之。是以圣人无为故无败，无执故无失。

民之从事，常于几成而败之。慎终如始，则无败事。

是以圣人欲不欲，不贵难得之货，学不学，复众人之所过，以辅万物之自然而不敢为。

主旨讲做事要有预见、预谋和准备。

“其安易持，其未兆易谋”，“安”，稳定；“持”，保持；“未兆”，迹象未见时也；“谋”，筹划也。事物在稳定时易保持，在迹象未见时易谋划也。

“其脆易泮，其微易散”，“脆”，脆弱；“泮”，破解；“微”，微小；“散”，消散。事物在脆弱时易破解，在微小时易消散也。

“为之于未有，治之于未乱”，在“未有”时“为之”，“未乱”时“治之”，皆防备于未然也。

预见到了，有预谋和准备，乃能先事处理，在动乱前防范也。

合抱的大树，生于萌蘖；九重的高台，起于地上；千里之行，始于足下。事物无不有其必然的过程，这是一个普遍的规律，这是人必须遵循的。

“为者败之,执者失之”,“为”,“无为”的对立概念,指不适应事物本性的主观妄为;主观妄为,觉悟仍可改更,执迷地干下去就一定会跌跤。

“圣人”不如此,“无为故无败,无执故无失”,遵循“道”而不主观地办事,所以不会碰壁;不执迷地干,所以不会跌跤。

“民之从事,常于几成而败之”,人们办事每于快要完成时失败,那是由于未能“慎终如始”,完全遵循事物本身的规律。如果做到这一点,就没有失败的事了。

“是以圣人欲不欲,不贵难得之货”,所以“圣人”以没有私心邪欲为理想,不看重难得的财货。“学不学,复众人之所过,以辅万物之自然而不敢为”,向没有文化而有实际经验的人学习,“这是任何人实际上走着的认识路程”,能利用万物的自然本性办事而不敢轻率地妄为。“辅”,辅助,自然本性为主体,人唯借助之也,故“辅”实为利用。

老子说:

事物在稳定时易保持,在迹象未见时易谋划,在脆弱时易破解,在微小时易消散。事前就准备,动乱前就防范。

合抱的大树,生于萌蘖;九重的高台,起于地上;千里之行,始于足下。

不适应事物本性主观地妄为会碰壁,执迷地干下去会跌跤。因此圣人适应事物本性办事所以不会碰壁,不执迷地干所以不会跌跤。慎终如始,就不会有失败的事。

人的失败,总是在快要成功时发生。因此,“圣人”以没有私心邪欲为理想,不贵重难得的财货,向没有文化而有实际经验的人学习,“这是任何人实际上走着的认识路程”。因此能够利用万物的自然本性办事而不敢轻率地妄为。

六十五章　以"愚""治国"

古之善为道者，非以明民，将以愚之。民之难治，以其智多。

故以智治国，国之贼；不以智治国，国之福。知此两者，亦稽式。

常知稽式，是谓玄德。玄德深矣远矣，与物反矣。然后乃至大顺。

主旨阐述遵循事物本身的客观过程，走众人实际上走着的认识路程。一句话，就是要"愚"，这就是老实。

老实是"治国"的一个楷式，有着普遍意义。这个深远而具有普遍意义的经验，是与事物的存在形态相反的。然而以之指导"治国"，则可臻于大治。

"古之善为道者"，古代善以"道"治国的人。

"非以明民"，"明"，见也，引申为启导。三章说："不见可欲，使民心不乱。"王弼注："明谓多见巧诈，蔽其朴也。"河上公注："明，知巧诈也。"

"将以愚之"，"愚"，淳朴，即老实。世界上要办成几件事，没有老实态度是根本不行的。这是从认识论来说的。王弼注："愚谓无知，守真，顺自然也。"河上公注："使朴质不诈伪也。"

范应元说："将以愚之，使淳朴不散，智诈不生也。所谓'愚之'者，非欺也，但因其自然，不以穿凿私意导之也。"

"民之难治，以其智多"，人民之所以难治，在于他们的智诈太多。

"故以智治国，国之贼"，所以以智诈治国，是国家的灾难。

"不以智治国，国之福"，不以智诈治国，是国家的福德。

"知此两者，亦稽式"，"稽式"，犹楷式，法式，准则，引申为取法。《后汉书·儒林传上》："建武五年，乃修起太学，稽式古典。"景龙本、敦煌辛、壬本、顾欢本、林希逸本"稽式"作"楷式"。

"常知稽式，是谓玄德"，常知这个准则，这叫做深远的经验。

"玄德深矣远矣，与物反矣。然后乃至大顺。""玄德"，"常德"也，指具有普遍意义的经验。"反"，是认为事物由对立面所组成，在一定条件下互相转化，这是老子哲学的核心和本质，"玄德"，就在于认识和掌握这一点。此间当有省文，意为"以之指导治国"，乃可达到大治。

老子说：

古代以"道"治国的人，不启导人民的私欲，将教以老实。人民所以难治，在于他们智诈太多。

所以用智诈治国，是国家的灾难；不用智诈治国，是国家的福德。懂得这两点也是一个准则。

常知这个准则，这是具有普遍意义的经验。普遍意义的经验是深远的，它与事物的存在形态是相反的。（以之指导治国，）乃可达到大治。

六十六章　谦虚的重要性

江海所以能为百谷王者，以其善下之，故能为百谷王。
是以圣人欲上民，必以言下之，欲先民，必以身后之。
是以圣人处上而民不重，处前而民不害，
是以天下乐推而不厌。以其不争，故天下莫能与之争。

主旨是继续对认识论的阐述。前章概括一个“愚”字，讲老实的重要性；本章概括一个“下”字，讲谦虚的重要性。

“江海所以能为百谷王者，以其善下之，故能为百谷王”，这是以其纳物，取象谦虚。老子认为“欲上民”，做人民的长上，一定要谦虚，先听兼听，听议而后定事，乃能作出正确的判断。

“处上”，处上位而人民的负累不重，“处前”，处前导而人民的安全无害，这才能得到人民的爱戴，“天下乐推而不厌”。办事情“以其不争”，不超越可能和时机，则天下就没有谁能与他争胜。

老子说：

江海所以成为百川的“王”，因为它善于处在下流，所以能成为百川的“王”。

因此“圣人”要做人民的长上，必须说话谦虚；要认识先于人民,必须听议而后定事。

因此,“圣人”处上位而人民负税不重,处前导而人民的安全无害。

因此,天下人都乐于拥戴而不厌弃。因为他办事善于抓住可能,行动善于适合时机而不争胜,所以天下没有谁能与之相争。

六十七章　认识论三个要点的进一步阐述

天下皆谓我道大，似不肖。夫唯大，故似不肖。若肖，久矣其细也夫。

我有三宝，持而保之：一曰慈，二曰俭，三曰不敢为天下先。

慈故能勇，俭故能广，不敢为天下先，故能成器长。

今舍慈且勇，舍俭且广，舍后且先，死矣！

夫慈，以战则胜，以守则固，天将救之，以慈卫之。

这是老子继二十八章之后，对他的认识论的三个要点的进步阐述。

“慈”，是“守雌”的表现，一种慈祥和气的态度，其实就是谦逊。这是老子认识论的第一个要点。要求“无知无欲”，少私寡欲，“致虚极，守静笃”，淳朴如婴儿。认为这是认识天地本原的门径（玄牝之门，是谓天地根），故反复强调之。这是对的。因为“知识的问题是一个科学问题，来不得半点的虚伪和骄傲，决定地需要的倒是其反面——诚实和谦逊的态度”（毛泽东《实践论》）。有诚实和谦逊的态度，认识客观实际中的发展规律，按照这些律决定自己的行动，例如打仗，则能克服当前的敌人，“百战不殆”，所以说“慈故能勇”。

老子在二十八章把“守黑”作为认识论的第二个要点。意思是说遇事不要自居高明，先听兼听，然后定事，叫做“混兮其若浊”，“浑其心”。在这里，又把“俭”归纳在这个要点内，这就是分析。很明显，意思是说，在听了百姓意见后，“必须经过思考作用，将丰富的感觉材料加以去粗取精、去伪存真、由此及彼、由表及里的改造制作工夫，造成概念和理论的系统”（毛泽东《实践论》），“挫其锐，解其纷”。“从感性认识跃进到理性认识”（出处同上），“把它的现象只看作入门的向导，一进了门就要抓住它的实质”（毛泽东《星星之火，可以燎原》）。是“丰富的感觉材料”的对举，故曰“俭”。有时又叫“损”，还叫“啬”。这都是分析的意思。“浊以静之徐清”，不停顿在低级的感性阶段，通过可靠的科学分析方法，才有可能认识锐纷的现象。这是对的。因为“这种改造过的认识，不是更空虚了更不可靠了的认识，相反，只要是在认识过程中根据于实践基础而科学地改造过的东西，正如列宁所说乃是更深刻、更正确、更完全地反映客观事物的东西”（毛泽东《实践论》），所以说“俭故能广”。

“不敢为天下先”是“守辱”的表现，一种不主观武断，个人说了算的守则。其实就是听议而后定事，不早作结论。这是老子认识论的第三个要点。这是人们在取得一点成绩后最易犯的毛病，“化而欲作”，沉溺于胜利，自以为了不得，思想就僵化了。韩非《解老》说“万物莫不有规矩”，为了完全适应这些规矩，还有一个必要的甚至是艰巨的认识过程，是“不敢为天下先”的。因此，在根据上述原则取得符合客观规律的认识而行动成功之后，要不自矜骄，仍须虚静自守，继续保持淳朴。无疑，这是很重要的。

老子认为只有做到这一点，才能成为万物的官长。因此，老子认识论的三个要点，用通俗的语言来表述，就是谦虚谨慎，这是“慈”（守雌）的本质要求，是认识的思想前提，心境；听取百姓意见，这是“守黑”，包括“俭”、“损”、“啬”的本质要求，是认识的水源和木本；戒骄戒躁，这是“不敢为天下先”（守辱）的本质要求，是认识推移和发展的思想前提、心境。

可以看出，老子的全部的认识论是以思想淳朴，听取百姓意见为路线的。要求向没有文化而有实际经验的人学习，走众人实际上走着的认识路程。应该说，这里已经有群众路线认识原理的基本因素了。

“今舍慈且勇，舍俭且广，舍后且先，死矣”，现在舍弃谦逊而凭勇敢，舍弃分析而迷于现象，不听议而先定事，那就危险了。

“夫慈，以战则胜，以守则固，天将救之，以慈卫之”，谦逊，用于作战，则能取胜，用于防守，则能巩固。自然的规律将建树之，就要用谦逊来卫护它。“天”，自然，这里指自然的规律。

老子说：

天下人都说我的“道”伟大，不像具体的东西。正因为它伟大，所以不像具体的东西。如果像，那早就渺小得很了。

我有三件法宝，掌握而保持着它：一是谦逊，二是分析，三是不敢早作结论。

谦逊所以能勇敢；分析所以能认识更全面；不敢早作结论，所以能成为万物的官长。

现在舍弃谦逊而凭勇敢，舍弃分析而迷于现象，不听议而先定事，那就危险了。

谦逊，用于作战，则能取胜，用于防守，则能巩固。自然的规律将建树之，那就要用谦逊的态度来卫护它。

六十八章　军事唯物论思想

善为士者不武,善战者不怒,善胜敌者不与,善用人者为之下。

是谓不争之德,是谓用人,是谓配天,古之极。

本篇讲的是军事唯物论思想。

“善为士者不武”,“士”,指挥军队的指挥员,将帅。王弼注:“士,卒之帅也。”“不武”,不武断也。孙子说:“夫未战而庙算胜者,得算多也;未战而庙算不胜者,得算少也。多算胜,少算不胜,而况于无算乎!”(《孙子·始计篇》)“武”,无算也。不分析战争双方的条件,主观武断,鲁莽从事也。

“善战者不怒”,“不怒”,孙子说:“主不可以怒而兴师,将不可以愠而致战,合于利而动,不合于利而止。”(《孙子·火攻篇》)毛泽东说:“执行有利决战,避免不利决战。”“一切敌人的‘挑战书’,旁人的‘激将法’,都应束之高阁,置之不理,丝毫也不为其所动。”(毛泽东《论持久战》)此“善战者不怒”也。

“善胜敌者不与”,“不与”,不战而屈人之兵也。孙子说:“百战百胜,非善之善也。不战而屈人之兵,善之善者也。”(《孙子·谋攻篇》)

“善用人者为之下”,善用人的对人谦下。

“是谓不争之德”，“不争”是以“事善能，动善时”为条件的。这叫不超出可能，违失时机的经验。

“是谓用人”，帛书甲、乙本如此，唯“谓”取省形作“胃”。王弼本、河上公本、傅奕本作“是谓用人之力”。“是谓用人”与下句“是谓配天”，文义相对，疑众本“之力”二字为后人妄增，今从帛书。这叫善于用人。

“是谓配天”，这叫符合自然。“配”，配合，即符合；“天”，指自然。“古之极”，是古代就有的准则。“极”，准则，如立极。《书·洪范》：“惟皇作极。”

老子说：

善于做将帅的人不武断，善于作战的人不受激怒，善于制胜敌人的人不必直接交锋，善于用人的人为人谦逊。这叫不超出可能，违失时机的经验，这叫善于用人，这叫符合自然，是古代就有的准则。

六十九章 继续阐述军事唯物论思想

用兵有言:吾不敢为主而为客,不敢进寸而退尺。

是谓行无行,攘无臂,扔无敌,执无兵。

祸莫大于轻敌,轻敌几丧吾宝。故抗兵相若,哀者胜矣。

主旨进一步阐述军事唯物论思想,论证"吾不敢为主而为客,不敢进寸而退尺"的兵家之言。

承上章"不武"、"不怒"、"不争",则"主"当是主观武断,以怒兴兵,超出事能和违失时机的行动,那就是主观地用事矣;"客",作为"主"的对文,就当是"事善能,动善时"矣。

因为"未战而庙算胜者,得算多也","多算"则胜;"未战而庙算不胜者,得算少也","少算"则不胜;"无算"则必败。此"国之大事也,死生之地,存亡之道,不可不察也"。(《孙子·始计篇》)

"是谓行无行,攘无臂,扔无敌,执无兵",四句式是"为无为"原理在军事上的应用和具体化。"行",行列,指阵势;"攘臂",怒而振臂,在作战冲锋时每有此举;"执兵",拿起武器;"扔",投掷,引申为投赴,"扔敌"即赴向敌人。

故不主观地陈列阵势,不主观地振举臂膊,不主观地赴向敌人,不主观地动用兵器。此必"校之以计而索其情"(《孙子·始计篇》)者也。谦逊(慈),分析(俭),不敢早作结论(不敢为天下先),是解决这个问题的法宝。而盲目轻敌,就将失去这三个法宝。

此外,两军对抗,力量相当,义愤的一方取得胜利。这也应当看做一个基本的物质条件。这是明白地主张正义战争,正义战争是必胜的条件之一。能不能说老子以原则的军事思想,高度概括了孙子的军事战略战术的具体内容呢!

老子说:

兵家有言说:我不敢主观地用事而按照客观形势,不敢前进一寸而后退一尺。

这叫不主观地陈列阵势,不主观地振举臂膊,不主观地动用兵器,不主观地赴向敌人。

祸害没有大于轻敌的,轻敌的几乎丧失我的法宝。所以对抗的兵力相当,而义愤的一方取得胜利。

七十章 老子的书怀感慨之言

吾言甚易知,甚易行。天下莫能知,莫能行。
言有君,事有宗。夫唯无知,是以不我知。
知我者希,则我者贵,是以圣人被褐怀玉。

本篇是老子的书怀感慨之言。

老子学说的初期,它的"道",从根本上取消了"上帝"和神的束缚;它的辩证法提供了发展变革的启示:它的"损有余而补不足"的政治纲领和"乐与饵"争取人民的策略思想,为社会变革指出了方向。在老子之后,有齐、鲁、晋、楚的封建革命,而楚国则失败。这些新兴封建"侯王"无不采取笼络人民的策略。应当指出老子学说是适应于这一变革的哲学和政治的观点。但流行不广,了解的人不多,此所谓"吾言甚易知,甚易行。天下莫能知,莫能行"(古器物铭文《陈侯因资敦》)也。

"言有君,事有宗。夫唯无知,是以不我知",老子对人事用"君",如"静为躁君";对物事用"宗",如"万物之宗"。"君",主,指主宰,节制;亦"不言之教","希言自然"也。"宗",祖宗,指本原、根据;亦"万物之宗","是谓天地根"之义。言论要有节制,事物都有本原。正因为无知,因此没有人懂得我。老子自叹是"知我者希,则我者贵","被褐怀玉"。

发展到战国,田齐桓公"立稷下之(官)[宫],设大夫之号,招致贤人而尊宠之"(徐干《中论·亡国》)。"高祖黄帝,迩嗣桓文"(古器物铭文《陈侯因資敦》),乃有"稷下之学"和"黄老学派",继之有"法家"的崛起。老子学说就占据统治的地位,广泛地传播开来,一直延续到西汉前期。

老子说:

我的话很易懂,很易行。天下没有谁能懂,没有谁能行。

言论要有节制,事物都有本原。正因为人们无知,因此没有人懂得我。

懂得我的人很少,取法我的人可贵。因此"圣人"穿着粗衣,怀里揣着宝玉。

七十一章　对知识的正确态度

知不知，上，不知知，病。

夫唯病病，是以不病。

圣人不病，以其病病，是以不病。

主旨讲对知识的正确态度。亦“知之为知之，不知为不知，是知也”（《论语·为政》）之义。

老子说：

知道不懂，最好了；不懂，自以为懂，那就是缺点了。

正因为把缺点看成缺点，因此能克服缺点。

“圣人”能克服缺点，以其能把缺点看成缺点，因此能克服缺点。

七十二章　奴隶制的危机达到顶点

民不畏威，则大威至。无狎其所居，无厌其所生。夫唯不厌，是以不厌。

是以圣人自知不自见，自爱不自贵，故去彼取此。

主旨揭露奴隶主贵族轻忽人民的生活，迫使人民厌恶生存，奴隶制的危机达到顶点。人民忍无可忍，已不惜轻于犯死，铤而走险。老子预言，社会的大动乱即将到来。

“民不畏威，则大威至”，第一个“威”字，是统治者的威势，对人民的镇压；第二个“威”字，“大威”，是人民的反抗，铤而走险，指反对统治者的社会的大动乱。“威”通“畏”，可怕的事，魏源《本义》引焦竑曰：“人不畏其所当畏，则大可畏者至矣。”张默生说：“专制政府用威权压制人民，人民到了不能忍受的时候，便不惜轻死作乱。”

“无狎其所居，无厌其所生”，不要轻忽人民的生活。“狎”，轻忽。《左传》昭公二十年：“水懦弱，民狎而玩之，则多死焉。”杜预注：“狎，轻也。”“居”，居住，指生活。不要迫使人民厌恶生存。“厌”，迫使厌恶也。

“夫唯不厌，是以不厌”，只有不迫使人民厌恶生存，人民才不会厌恶生存。

“是以圣人自知不自见，自爱不自贵”，因此“圣人”自知而不只看到自己，自爱而不只顾自己高贵。

“故去彼取此”，所以摒弃后者而取前者以自律。

老子说：

人民到了不怕镇压的地步，则可怕的大动乱就要到了。不要轻忽人民的生活，不要迫使人民厌恶生存。只有不迫使人民厌恶生存，人民才不会厌恶生存。

因此“圣人”自知而不只看到自己，自爱而不只顾自己高贵，所以摒弃后者而取前者以自律。

七十三章 唯物论的勇敢论和认识自然规律的极端重要性

勇于敢则杀，勇于不敢则活。此两者或利或害。

天之所恶，孰知其故？是以圣人犹难之。

天之道，不争而善胜，不言而善应，不召而自来，坦然而善谋。

天网恢恢，疏而不失。

主旨讲唯物论的勇敢论和认识自然规律的极端重要性。

“勇于敢”，专凭热情，“无算”而战（不知常妄作），“把军事计划建立在一相情愿的基础之上，这种计划是空想的，不符合于实际的”。“所以不免于受敌人的欺骗，受敌人表面的或片面的情况的引诱，受自己部下不负责任的无真知灼见的建议的鼓动，因而不免于碰壁，就是因为他们不知道或不愿意知道任何军事计划，是应该建立于必要的侦察和敌我情况及其相互关系的周密思索的基础之上的缘故。认识情况的过程，不但存在于军事计划建立之前，而且存在于军事计划建立之后。当执行某一计划时，从开始执行起，到战局终结止，这是又一个认识情况的过程，即实行的过程。此时，第一个过程中的东西是否符合于实况，需要重新加以检查。如果计划和情况不符合，或者不完全符合,就必须依照新的认识,构成新的判断,定下新的决心,把已定计划加以改变,使之适合于新的情况。部分地改变的事差不多每一作战都是有的,全部地改变的事也是间或有的。鲁莽家不知改变,或不愿改变,只是一味盲干,结果又非碰壁不可。"(毛泽东《中国革命战争的战略问题》)"勇于不敢",则是必须"校之以计而索其情"(《孙子·始计篇》)。"使用一切可能的和必要的侦察手段,将侦察得来的敌方情况的各种材料加以去粗取精、去伪存真、由此及彼、由表及里的思索,然后将自己方面的情况加上去,研究双方的对比和相互的关系,因而构成判断,定下决心,作出计划——这是军事家在作出每一个战略、战役或战斗的计划之前的一个整个的认识情况的过程。"(毛泽东《中国革命战争的战略问题》)是不敢主观地陈列阵势,主观地振举臂膊,主观地赴向敌人,主观地动用兵器的。所谓"吾不敢为主而为客,不敢进寸而退尺"也。

这两种勇敢是截然不同的。"挟太山以超北海,语人曰:'我不能。'是诚不能也。"(《孟子·梁惠王上》)人只有在"事能"的范围内才是"有为"的。"天之所恶,孰知其故?"这是说客观自然力所造成的问题,没有先知,是不能鲁莽对待的。"是以圣人犹难之",因此,最聪明的指挥员也是着难的。

只有懂得和遵循自然规律(天之道),乃能不超越事能和时机而善于取胜(不争而善胜),乃能不多言而善有效应(不言而善应),乃能不号召而自动到来(不召而自来),乃能从容而善于谋划(坦然而善谋)。"勇于敢",是只会碰壁的。自然规律的网是多么广大啊,网孔稀疏而没有遗失。

世界上谁能超脱自然必然性的支配呢?而认识必然,则能取得自由,这就是"无为"之所以有着深刻的义蕴。

老子说：

勇于鲁莽就碰壁，勇于不粗心大意就主动。这两种勇敢，有的有利，有的有害。

客观自然力所坏的事，谁知道它的原因呢？因此，圣明的指挥员也是着难的。

遵循自然的规律，不超越事能和时机而善于取胜，不多言而善有效应，不号召而自动到来，从容而善于谋划。

自然规律的网是多么广大啊，网孔稀疏而没有遗失。

七十四章　对奴隶主贵族镇压人民的控诉和警告

民不畏死，奈何以死惧之！

若使民常畏死，而为奇者吾得执而杀之，孰敢？

常有司杀者杀，夫代（有）司杀者杀，是谓代大匠斲。夫代大匠斲者，希有不伤其手矣。

主旨是对奴隶主贵族穷凶极恶地镇压人民提出的控诉和警告。

可分三节：

一、人民不怕死，镇压是无用的。这是提出命题。

二、如果人民果真怕死，则镇压就无人造反了。这是为了论证提出的反命题。

三、历来都有镇压机关杀人，惨无人道，如替木匠砍木头一样，少有不砍伤自己的手的。从历史得到证明，于是命题成立。“夫代（有）司杀者杀”，“代”当作“有”，承上文“常有司杀者”句。下文“是谓代大匠斲。夫代大匠斲”，行文亦如此，可证。

这就是说，哪里有压迫，哪里有反抗，血腥镇压不过是搬起石头砸自己的脚。爱憎义愤，溢于言表。

老子说：

人民不怕死,为什么用杀来威吓他们呢!

如果人民果真怕死,而造反的人我把他抓来杀掉,那还有谁敢呢?

历来都有镇压机关杀人呢！那镇压机关杀人,正如替本匠砍木头一样。正如替木匠砍木头一样,很少有不砍伤自己的手的。

七十五章　反对过分的压迫和剥削

民之饥，以其上食税之多，是以饥。民之难治，以其上之有为，是以难治。民之轻死，以其上求生之厚，是以轻死。

夫唯无以生为者，是贤于贵生。

主旨是反对过分的压迫和剥削。

人民饥饿，因为统治者食税太多，所以饥饿。人民反抗而难治，因为统治者政令繁苛，所以人民反抗而难治。人民轻于犯死，铤而走险，因为统治者追求穷奢极欲的生活，所以人民轻于犯死，铤而走险。齐国、晋国都是典型的例子。齐国“民参其力，二入于公，而衣食其一。公聚朽蠹，而三老冻馁。国之诸市，屦贱踊贵”。晋国“戎马不驾，卿无军行，公乘无人，卒列无长。庶民罢敝，而宫室滋侈。道殣相望，而女富溢尤。民闻公命，如逃寇雠”。(《左传》昭公三年)因此，只有那不以奉养奢厚为事的人，才是贤于穷奢极欲的人。在这里，站在人民的立场，反对过分的压迫和剥削，是旗帜鲜明的。

老子说：

人民之所以饥饿，是由于统治者食税太多，因此饥饿。百姓之不易治理，是由于统治者政令繁苛，因此招致反抗而不易治理。人民之所以轻于犯死，铤而走险，是由于统治者追求穷奢极欲的生活，因此轻于犯死，铤而走险。只有那不以奉养奢厚为事的人，才是贤于穷奢极欲的人。

七十六章　对“物壮则老”、“柔弱胜强”的具体阐释

人之生也柔弱，其死也坚强；万物草木之生也柔脆，其死也枯槁。

故坚强者死之徒，柔弱者生之徒。

是以兵强则不胜，木强则折。强大处下，柔弱处上。

主旨是“物壮则老”、“柔弱胜强”这一命题的具体阐释。

老子从万物的生死状态中，观察到现实的正在成长的东西都是“柔弱”的，而死亡的东西则僵化枯槁。从而从事物的内部发展状态领悟到“坚强者死之徒，柔弱者生之徒”。如军队自恃强大则可能是失败的条件，树木生长壮极则最终结束生命。

最后归结提出“强大处下，柔弱处上”的立身处事的普遍原则。

老子说：

人活着时身体柔软，死了时就僵化；万物草木活着时形质柔弱，死了时就枯槁。所以说坚强的失去现实性的东西属于死亡一类，柔弱的现实性的东西属于生活一类。

因此军队自恃强大可能是失败的条件，树木生长壮极则最终结束生命。所以坚强的失去现实性的东西向下衰落，柔弱的现实性的东西向上发展。

七十七章　揭露奴隶制“损不足以奉有余”，提出新的政治纲领“损有余而补不足”

天之道，其犹张弓与？高者抑之，下者举之；有余者损之，不足者补之。天之道，损有余而补不足。

人之道，则不然，损不足以奉有余。

孰能有余以奉天下？唯有道者。

是以圣人为而不恃，功成而不处，其不欲见贤。

主旨揭露奴隶制是“损不足以奉有余”的剥削制，相应的，提出了“损有余而补不足”的政治纲领。这是历史上第一次提出的平等思想。影响所及，达于阶级社会的各个历史阶段。

老子这一思想为当时的奴隶起义和新兴地主阶级的封建变革，以及后来在封建统治的漫长的历史时期的农民起义，提供了锐利的思想武器。

列宁说：“在反对旧专制制度的斗争中，特别是反对旧农奴主大土地占有制的斗争中，平等思想是最革命的思想。”（列宁《社会民主党在1905—1907年俄国第一次革命中的土地纲领》）

春秋末年，如在鲁、齐、晋、楚，新兴地主阶级类皆采取争取人民的策略，不能认为不是受这一理论的指导和影响的。

李俚在魏,把他为巩固封建制,补救小农经济的固有弱点而推行的“平籴法”,叫做“取有余而补不足”(《汉书·食货志》)。

吴起在楚,把他的“衰楚国之爵而平其制禄”的政治路线,叫做“损其有余而绥其不足”(《淮南子·道应训》)。晁错“以粟为赏罚”,“得以拜爵,得以除罪”,“取于有余以供上用,则贫民之赋可损,所谓‘损有余补不足’”(《汉书·食货志》)。

同样,汉初,桑弘羊在著名的盐铁会议上,把他的“丰年岁登,则储积以备乏绝,凶年岁恶,则行币物”的“均输法”,叫做“流有余而调不足”(桓宽《盐铁论·力耕》)。

两千多年来,“均贫富”、“法平等”、“等贵贱”的口号是封建时代无数次农民起义的主要旗帜,这充分说明这种“平等思想”的伟大革命意义。

老子说:

自然的规律,岂不概像张弓射箭吧!弦位高了的,把它压低;低了点,把它升高;有余的减损;不足的补充。自然的规律,减损有余的而补充不足的。

社会的规律,就不是这样,减损不足的,供奉有余的。

谁能把有余供奉天下不足的呢?只有懂得“道”的人是如此。

因此“圣人”有作为而不自恃,功成而不自我居功,以没有这些私欲见长。

七十八章 “弱者，道之用”的继续阐述

天下莫柔弱于水，而攻坚强者莫之能胜，以其无以易之。

弱之胜强，柔之胜刚，天下莫不知，莫能行。

是以圣人云：受国之垢，是谓社稷主；受国不祥，是谓天下王。

正言若反。

主旨是“弱者，道之用”的进一步阐述。水是最柔弱的，然而滴水穿石；江河泛滥，洪水以及由此引起的房屋和庄稼的毁坏，是“攻坚强者莫之能胜”。老子由此领悟和提出“弱之胜强，柔之胜刚”的普遍原则和“反”的道理。

要为“社稷主”、“天下王”，就要“受国之垢”、“受国之不祥”。“曲”所以“全”，“枉”所以“直”，“洼”所以“盈”，“敝”所以“新”，“缺”所以“成”，“拙”所以“巧”，“讷”所以“辩”，“昧”所以“明”，“退”所以“进”。世事无不相反而理相成也。

老子说：

天下没有比水更柔弱的，而冲击坚强的没有谁能赛过它。因为没有东西能代替它。

弱之胜强，柔之胜刚，天下没有人不知道，没有人能实行。

所以“圣人”说：承受国家的屈辱，这才是国家的主人；承受国家的灾难，这才是天下的君王。

符合正道的话似若相反。

七十九章　社会理想的进一步具体化

和大怨，必有余怨。安可以为善？是以圣人执左契而不责于人。

有德司契，无德司彻。

天道无亲，常与善人。

主旨是老子社会理想的进一步具体化。

老子认识到“民之饥，以其上食税之多”，“民之难治，以其上之有为”，“民之轻死，以其上求生之厚”：“人之道……损不足以奉有余”；认识到逼债（司契）、逼租（司彻）所造成的阶级对抗的“大怨”不可调和，这是老子朴素唯物论的光辉。

从这个阶级对抗的严酷事实出发，提出“损有余而补不足”的政治纲领，“乐与饵”，争取人民的策略思想，要求新兴“侯王”“处上而民不重，处前而民不害”，无过分的压迫和剥削。这里又提出“执左契而不责于人”的“有德”的措施。“契”，卷契，古时刻木为契剖为两份，各执一份，“左契”是负债一方所立，交给债权人执掌，相当于今之借据。高亨说：“《说文》：‘契，大约也。券，契也。’古者契券以右为尊。《礼记・曲礼》：‘献粟者执右契。’郑注：‘契，券要也，右为尊。’《商子・定分》篇：‘以左券予吏之问法令者。主法令之吏，谨臧其右券木柙。以室臧之。'《战国策·韩策》：'操右契而为公责德于秦魏之王。'并其证也。圣人所执之契，必是尊者，何以此文云执左契，今譣三十一章曰：'吉事尚左，凶事尚右。'用契券者，自属吉事，可证老子必以左契为尊，盖左契右契孰尊孰卑，因时因地而异，不尽同也。《说文》：'责，求也。'凡贷人者执左契，贷于人者执右契。贷人者可执左契以责贷于人者令其偿还。圣人执左契而不责于人，即施而不求报也。"

有一种有限的平等，过着和平与自由的生活，这就是老子所设想的理想社会模式。应该说，这就是理想化的新兴封建制。这为新兴地主阶级向公室争夺人民提供了理论和策略。这一制度在其诞生的初期，看来是实现过的。如由"陪臣秉政"的鲁国，归于陈氏的齐国，就是典型的例证。

但是老子企图通过"有德"的措施来调和大怨，从根本上来说，是做不到的。因为新兴地主阶级一旦解决了同奴隶主贵族的矛盾，同农民的矛盾上升为主要矛盾，必然强化对农民的压迫。这看来在战国中后期即已成为史实，到秦就爆发了大规模的农民起义。

老子的社会理想，完全寄希望于新兴"侯王"的德政。这是符合于当时的历史条件的。奴隶和自由民只能产生自发的暴动，铤而走险，犯死为盗。

在老子看来，新兴"侯王"按照"天之道"实行德政，争取人民，则"天道无亲，常与善人"。"社稷无常奉，君臣无常位"，唯"同于道者"当得其奉位。亦"同于道者，道亦乐得之"之义也。

老子说：

和解大怨，一定有余怨。那怎么办好呢？因此“圣人”执掌借券而不逼取于人。

有德的人执掌借券而不逼取于人，无德的人主管租赋必苛取于民。

自然的规律没有私亲，总是与同于“道”者相合的。

八十章　对古代公社的眷恋，“小国寡民”

小国寡民。使有什伯之器而不用；使民重死而不远徙。虽有舟舆，无所乘之；虽有甲兵，无所陈之。使人复结绳而用之。

甘其食，美其服，安其居，乐其俗。邻国相望，鸡犬之声相闻，民至老死不相往来。

老子的社会理想，如前所述，是一种理想化的新兴封建制。他把希望寄托于新兴“侯王”，特别是大国。要求他们采取谦逊态度对待小国，则能夺取小国，统一天下。为之制订理论策略战略战术，这是非常清楚的。

老子把人民的解放寄托于新兴“侯王”，这集中表达了奴隶和自由民在新兴“侯王”把他们看做是与奴隶主贵族进行斗争的同盟军来争取的历史阶段，即封建制度诞生前后这一历史阶段的思想。

当新兴“侯王”解决了同奴隶主贵族之间的矛盾，在夺取政权之后，农民已不再是它的同盟军，地主阶级同农民的矛盾上升为主要矛盾，从而加强对农民的压迫，“小国寡民”，就体现了这一历史阶段的农民思想。封建制的理想破灭，乃发现封建制终归也是一种剥削制，还不如古时小农公社好呢，这是很自然的。

奴隶制变革前后，寄希望于新兴封建“侯王”，变革后相当一段时间，理想破灭，乃产生对古代公社的眷恋和憧憬，这是前后相承的两个不同历史时代的思想。后者，正是老子根据现实的农民生活及其思想的反映。他正是生活于战国中后期蔚然成为一大学派的时期，这种现象已经出现。

小小的国家，少少的人民。这是封建时代的初期，地主阶级解决了同奴隶主贵族之间的矛盾，同农民的矛盾上升为主要矛盾，乃加强对农民的压迫，于是引起农民对于古代小农公社的眷恋和憧憬。把它看做是老子的理想社会，是未从《道德经》的整个体系来研究，未把问题提到一定的历史范围之内的误解。

即使有兵器而不使用。

“什伯”，楼宇烈校释曰：“什伯之器，指兵器。俞樾说：‘什伯之器，乃兵器也。《后汉书·宣秉传》注曰：“军法五人为伍，二五为什，则共其器。”其兼言伯者，古军法以百人为“伯”。《周书·武顺》篇：“五五二十五曰元卒，四卒成卫曰伯。”是其证也。什伯皆士卒部曲之名。《礼记·祭义篇》曰：“军旅什伍。”彼言“什伍”，此言“什伯”，所称有大小，而无异义。徐锴《说文系传》于人部“伯”下引“《老子》曰：有什伯之器。每什伯共用器，谓兵革之属”。得其解矣。’”当从之。描绘了一片古老沉寂的境界。

老子说：

小小的国家，少少的人民，即使有兵器而不使用，使人民爱惜生命而不向远方迁移。虽有船车，不必去乘它；虽有武器装备，不必去陈列它，使人民恢复结绳记事而使用之。

以自己的饮食为甘，以自己的衣着为美，以自己的居住为安，以自己的风俗为乐。邻国相互看得见，鸡鸣犬吠的声音相互听得到，人民直到老死不相往来。

八十一章 关于听言的最后阐述

信言不美,美言不信;善者不辩,辩者不善;知者不博,博者不知。

圣人不积,既以为人己愈有,既以与人己愈多。

故天之道,利而不害;圣人之道,为而弗争。

主旨是关于听言的最后阐述,一开头就提出“信”与“美”、“善”与“辩”、“知”与“博”等一系列矛盾对立的范畴,说明事物表里往往不相一致。这是听言者必须注意把握的。可信之言,质朴无华,所以不美;“信言”,即四十九章“信者吾信之”的“信者”,指有根据的言论。“美言”,华夸的话,即六十二章“美言可以市”的“美言”,指哗众取宠之言。懂得听言的不在于博而是要抓住本质,“博”,迷于现象,这说明不懂。“知者”,承上“信言”、“美言”,可知是指懂得听言说的。“不博”,指反映事物本质的那些现象和朕兆,要经过分析才能取得。本质表现朴素,故言“不博”。“博”,即“广”,指未经分析的素材和现象。华言尚饰,所以不信。善听的在于兼听,所以不辩;主观地反辩,这说明不善听。“善者”,承上“知者”、“博者”,可知是指善于听言说的。“不辩”,同“无为”、“不争”等词一样,均含有不主观的义蕴。应该说此中包含着丰富的辩证法。

二节讲“圣人不积”，“积”，积藏，引申为保守。不保守，全力帮助人，诲人不倦，自己也得到提高。

末节归结于自然规律的运用，提出“圣人”的方法就在于按照自然规律办事而不超越事能和时机去争取成功。

老子说：

可信的话不华美，华美的话不可信；善听的在于兼听，所以不辩，主观地反辩的不善听；懂得听言的抓住本质，迷于现象的不懂得听言。

“圣人”不保守，全力帮助人自己更充实，把一切教给人自己更丰富。

所以自然的规律，利用之毫无害处；“圣人”的方法，按“道”办事而不超越事能和时机去争取成功。

附　录

《老子》译释比较一例

"圣人无常心"(《老子》四十九章,按王弼本)

圣人无常心,以百姓心为心。善者吾善之,不善者吾亦善之,德善。信者吾信之,不信者吾亦信之,德信。

圣人在天下歙歙,为天下浑其心。百姓皆注其耳目,圣人皆孩之。

任继愈《老子今译》

"圣人"没有他自己固定的意志,以百姓的意志作为他的意志。

百姓的意志,善的,我认为它善,百姓的意志,不善的,我也当作它善,就得到了善。

百姓的意志,可信的,我信任它,百姓的意志,不可信的,我也信任它,就得到了信任。

"圣人"在天下,使天下人的心思归于浑厚朴素,[而百姓都专注他们自己的耳目,]"圣人"都使他们像无知无欲的婴儿。

张松如《老子说解》

圣人常常是没有私心的,以百姓的心为自己的心。

对于善良的要善待,对于不善良的也要善待,这就得到善良了。

对于诚信的要信任,对于不诚信的也要信任,这就得到诚信了。

圣人呵他心存天下谨谨慎慎,身为天下浑浑沌沌。百姓们都专注于耳聪目明,圣人却一律看他们做孩童。

陈鼓应《老子注译及评介》

有道的人没有私心,以百姓的心为心。

善良的人,我善待他;不善良的人,我也善待他;这样可使人人向善。

守信的人,我信任他;不守信的人,我也信任他;这样可使人人守信。

有道的人在位,收敛自己的意欲,使人心思化归于浑朴,百姓都专注他们自己的耳目,有道的人使他们都回复到婴孩般〔真纯〕的状态。

张吉良《老子的教诲》

“圣人”总无主观成见,以百姓意见为意见。

正确的我听着,不正确的我也听着,便于得到正确的;可信的我听着,不可信的我也听着,便于得到可信的。

“圣人”在天下为人谨慎又谨慎,为天下办事若不明事。

百姓都注重耳闻目见的事,“圣人”都把他们当做孩子看待。

根据任译，为了百姓认为自己“善”、“信”，对百姓的意志，善的，认为它善，不善的，也当做它善；可信的，信任，不可信的，也信任，那不成了一个“好好先生”么！世界公认的辩证法奠基人怎么会如此毫无原则呢？

张、陈译意，涵义基本一致。认为“圣人”要“以善心去对待任何人（无论善与不善的人）；以诚心去对待一切人（无论守信与不信的人）。这和‘无弃人’、‘无弃物’（二十七章）的人道主义精神是一贯的”（陈鼓应《老子注译及评介》）。则此章“以百姓心为心”，其主旨竟是讲的“人道精神”了，这是很值得进一步探讨的。

吉氏把“善之”、“信之”表示在听取百姓意见时，不论正确的（善者）、不正确的（不善者），可信的（信者）、不可信的（不信者），那是都点头表示听着的意思，这样，别开生面，成了另一番景象。主旨不是做“好好先生”，也不是重视“人道精神”，而是讲的认识论，认识必须听取百姓意见，必须兼听，从而导出“圣人”所以立身处事的品格。

世界是物质的，客观存在，不因人的意志而改变，这是认识的客观对象，人是认识的主体。因此，人应该保持认识的本性，有一颗淳朴的心，“无知无欲”，物至而感，有感斯应，“在己无居，形物自著”，“其静若镜，其应若响”，“与时迁移，应物变化”，故曰“常无心”。

然而事物是复杂的，众殊毕异，“不出户”，无以“知天下”，“不窥牖”，无以“见天道”，这就有赖于社会群力，有赖于听取百姓意见。何况所论之事甚至就是有关百姓的事呢！

关于听言的方法，老子的论述是极其精辟的，那就是兼听。正确的我听着，不正确的我也听着，便于得到正确的。可信的我听着，不可信的我也听着，便于得到可信的。这是古代辩证唯物论、认识论的典型表述。

正因为如此，"圣人"在天下立身，应小心谨慎，约束自己，有所收敛，故曰"歙歙"。

为天下处事，就不能自居高明，要"知其白，守其黑"，若不明事，先听兼听，周密思考，然后作出正确的判断，故曰"浑其心"。

老子是奴隶和平民的圣人，他尊重百姓，认为百姓都注重耳闻目见的事，淳朴如孩子，必须听取他们的意见，并以之作为处事的根据。

2009 年 2 月 5 日

援用西方文化的先进思想解读中国古经的疑难

——先秦学术研究回顾

“人类历史的起源相同，经验相同，进步相同。”人类文化亦必有其相同点和共性，这是东西方文化可以相互解读的根据。中国文化原本领先于西方，后来落伍了，西方远跑于前。因此，援用西方文化的先进思想来解读中国古经的疑难，是很有益的。

一　根据列宁关于下定义的规定解读《老子》的历史疑难

中国古典道学由春秋末年的老聃创始，史称《老子》。其解读历有疑难。司马谈就认为“其辞难知”（《史记·太史公自序》）。其子司马迁亦说：“老子……著书辞称，微妙难识。”（《史记·老子韩非列传》）老子“被褐怀玉”，自己也说：“吾言甚易知，甚易行。天下莫能知，莫能行。”（七十章）

老子难知的辞语是宇宙本体论和世界生成论的那些辞语和论证。如“道可道，非常道；名可名，非常名”（一章），“天下万物生于有，有生于无”（四十章）。从来众说纷纭，莫衷一是。

我读列宁《唯物主义和经验批判主义》:“对于认识论的这两个根本概念(指物质和经验),除了指出它们之中哪一个是第一性的,实际上不可能下别的定义。下‘定义’是什么意思呢?这首先就是把某一个概念放在另一个更广泛的概念里。例如,当我下定义说驴是动物的时候,我是把‘驴’这个概念放在更广泛的概念里。现在试问,在认识论所能使用的概念中,有没有比存在和思维、物质和感觉、物理的和心理的这些概念更广泛的概念呢?没有。这是些广泛已极的概念……认识论直到现在还没有超出它们。”我把它同《老子》联系起来,悟出两点:

1.“道”是从“天下万物”导出的世界本原,宇宙本体的广泛已极的概念,除指出它是第一性的,不可能下别的定义;这大概就是未收入《道德经》的彭蒙之师所说的“道非道”(《庄子·天下》),老子对“道”所下的第一个定义;是《道德经》“道可道,非常道”,老子对“道”所下的第二个定义的正面表述了。如此,我们就获得“道”是不可用定义称道的本义解读。“可道”之“道”字,称道也,称道必指出某是什么来,这就蕴含了下定义的根本内涵。

2.“名可名”,不正是“把某一个概念放在另一个更广泛的概念里”吗?这是“下定义”的典型公式,是老子在春秋末世提出了定义称道的内涵实质,至战国环渊(即关尹)作出了这个明白的文字表述。老子是中国名学的奠基人。在哲学上,列宁同老子异代异域相通,这是东西方文化的共性,乃能以现代的科学思想解读古代的异域疑难。

老子“道”的范畴出自“物质的抽象”,老子总结人类对物质自然世界的认识,认为通过经验(德)而知某是什么,例如“白马是马”，就是把“白马”这个名放在另一个更广泛的名——“马”里而称道之。这是名学，名学的核心，这就是下定义，是老子从以出发的基础而建立其系统的古典道学。于是从“天下万物”寻其所自而出宇宙本体论；“自无生有”而出世界生成论。这就是天下万物生于有更广泛的名所称道的物类，生物、无生物，有更广泛的名所称道的物类，生物、无生物生于无更广泛的名所称道的最高物类，物，物就是“道”。显然“从有返无”是宇宙本体论；“自无生有”是世界生成论，从天下万物抽象为生物、无生物，再抽象为物，“绳绳不可名”，清楚地是物质的抽象，物质一般。老子的时代还不可能有这些观念，可见一定的观念产生于一定的实际认识过程之后而不是相反，这些实际认识的存在正是这些观念所以产生的前提。如果说要在这些观念产生之后才能作出这些认识，那就成了认识论的唯心论，历史证明不是如此。辨章学术，考镜源流，爬罗剔抉，偶一不慎，即便失足，此遁词之所以穷也。

老子进一步阐释说：“视之不见”、“听之不闻”、“搏之不得”（十四章），“大音希声，大象无形，道隐无名”（四十一章），“有物混成”（二十五章）。这是物质一般所表现的特性，看不见，听不到，摸不着，“希声”，“无形”，隐藏于现象深处，是混然一体的无名所称道的最高的物类。这是古典道学对“物质的抽象”的形容阐论。

魏晋玄学就是以古典道学对“物质的抽象”的形容阐论为其理论出发的资料前提的，从王弼“圣人体无，无又不可以训，故不说也。老子是有者也，故恒言无所不足”（《三国志·钟会传》附《王弼传》注），可知其注“可道之道，可名之名，指事造形，非其常也。故不可道，不可名也”（一章注）是说的“可训说之道,可名状之名,那不是其常态。所以‘道’是不可训说,不可名状的”。这是王弼或玄学的智慧的体认,可见未达到老子物质的抽象的高度。

长沙马王堆汉墓出土了帛书《老子》,我从其甲本附录《伊尹·九主》中发现:“天企(法)无[名],复生万物,生物,不物,莫不以名,不可为二名,此天企(法)也。”(《文物》1974 年第 11 期)“企”为古法字“佱”之省,故标为“法”。“天企(法)”就是“道”。这是说“道”是无更广泛的名所称道的“物”,反复不停地变化转化产生万物,万物是生物、无生物(不物),生物、无生物是物,无不可给以更广泛的名,唯“物”是广泛已极的名,不可给出第二名了,这就是“道”。这里清楚地看出,一个名,“万物”,可放在另一个更广泛的名,“生物、无生物”里,这是人类逻辑定义公式“名可名”的实际例证。“道”就是这个公式的展开连续至于不可用定义称道的极致而得出的。这是人类逻辑定义公式的第一次科学破读与应用,可惜未引起当时学者的注意而埋没两千余年。

以西方文化的科学思想解读中国古典疑难,《老子》就获得逻辑的通读。

二　根据列宁辩证法思想解读《公孙龙子》

公孙龙之学,在其生活当时,即不为学者所理解。孔穿相与辩论于平原君所,要公孙龙“去白马非马之学,穿请为弟子”。辩理至于“臧三耳”,公孙龙“言臧之三耳甚辩”,孔穿不应而出。他对平原君说:“几能令臧三耳矣,虽然难,愿得有问于君,谓臧三耳甚难而实非也,谓臧两耳甚易而实是也,不知君将从易而是者乎?将从难而非者乎?”“臧三耳”即“鸡三足”的另一种表述,是公孙龙批判和讥讽“二有一”论者“二有左,又有右,二者左与右”不同类的“左”与“右”竟可以合计的不伦不类的一个生动的比喻,却误认为是公孙龙本人的观点进行批判,古今如此,诚可悲也。及“邹衍过赵,言至道,乃绌公孙龙”。未作具体对辩,亦不知怎样绌之而“坐皆称善”。其后,“指意沦堙,响沉光绝”。“骀荡幼眇,蒙世诟病,遗简残篇,旁皇异代,既摈于道,复弃于儒,微言大义,阏之数千百年仅乃得出,学统之钳人,固若斯其极耶?”(王绾《公孙龙子悬解》)

我读列宁《谈谈辩证法问题》:“从最简单、最普遍、最常见的等等东西开始;从任何一个命题开始,如树叶是绿的,伊万是人,哈巴狗是狗等等。在这里(正如黑格尔天才地指出过的)就已经有辩证法:个别就是一般。这就是说,对立面(个别跟一般相对立)是同一的:个别一定与一般相联而存在。一般只能在个别中存在,只能通过个别而存在。任何个别(不论怎样)都是一般。任何一般都是个别的(一部分,或一方面,或本质)。任何一般只是大致地包括一切个别事物。任何个别都不能完全地包括在一般之中,如此等等。”

我把它同《公孙龙子》联系起来,《白马论》《坚白论》正是从最简单的、最普遍的、最常见的等等东西开始研究个别与一般的关系问题。

“有白马不可谓无马”(《白马论》以后所引,不再注明),乃白马是马,“个别就是一般”。其所以“是”,“离白之谓也”,是抽掉白色这一现象说的。“故所以为有马者,独以马为有马,非有白马为有马。”所以一般地说为有马,仅以抽象的马为有马,不是以特殊的白马为有马的。这表明公孙龙是在承认常识见解,并作出了理论阐释的基础上论证“白马非马”的。

“对立面(个别跟一般相对立)是同一的”,在认识了事物的性质时,要说明它是什么,就要把它放在一般之中,乃谓白马是马;是从特殊到一般的推理。在认识了事物的特点时,要说明它具体是什么,就不可抽象了。“不离者,有白马,不可谓有马也。”不抽掉白色这一现象,有白马,就不可说有马了。“故其为有马也,不可以谓马马也。”故不抽掉白色这一现象之所以为有马,就不可说“马啊马啊”了,而一定要说清楚是什么马,例如白马,故曰“白马非马”。白马不是一般的马,乃马是白马的启示,是从一般到特殊的推理,是真正要认识一东西必须把握其特点的表述。

《指物论》是《白马论》的理论概括:“物莫非指,而指非指。”白马是“物”,马是“指”。任何白马无不是马,而被列入马的又不是马。列宁的话几乎就是译文:“任何个别(不论怎样)都是一般”,而被列入一般的又不是一般,因为“任何个别都不能完全地包括在一般之中”。

《通变论》“二无一”,是名家的根本世界观,就是说互相排斥而关联的“二”非“一”的重复。例如,白马和马,本来是一个东西,在认识论上,却是互相排斥而关联的两个概念的统一,而不是一个概念的重复。把它译为“所谓‘二无一’,是由两个要素合成的东西(‘二’),不复再含其所由形成的要素(‘一’)”。智慧而深刻的名家竟不知合成物仍含其所由形成的要素。按图索骏,巨蟾为马,吸精粹而吐氛浊矣。

《坚白论》是《白马论》的进一步阐述,着重搞清概念和感觉的问题,从《白马论》申述,也可以说“坚白石非石”,即石是坚白的,是从一般到特殊的推理。“无坚得白”,“无白得坚”,“其举也二”,看不见坚硬而得到白色,石是白色的;摸不着白色而得到坚硬，石是坚硬的，提出了一般的石和特殊的白石与坚石两类概念。公孙龙不否认“盈坚白”。“坚、白、石不相外”，“有自藏也”；“于石一也，坚白二也，而在于石”。但主旨在自在包盈的基础上讲“离坚白”，讲一个人的认识问题，讲概念和感觉，抽象（离）的重要性的问题。视不得坚，拊不得白，“坚”、“白”的概念是分别从客体抽象取得的。概念来源于感觉，感觉也是抽象，而抽象所得是事物的共性。“物白焉，不定其所白；物坚焉，不定其所坚，不定者兼。”人的认识物就是认识其共性，就在于从物进行抽象，这是认识论的唯物论。其次，公孙龙接触到了理性认识。他认为“目不见”，“神不见”，“捶与手知而不知”，这是说的感性认识的不可靠性，而要“见”、“知”在于“离”，在于从事物进行抽象。应该说，这是说的理性认识，更高阶段的抽象了。

公孙龙的终篇是《名实论》，他说：“名，实谓也。”“实”是事物的实质、本质，这是有待于从感性认识发展到理性的抽象才能取得的。他强调“审其名实，慎其所谓”，足见他对理性认识的高度重视，这是认识论的辩证法。

列宁在评价亚里士多德“任何普遍的东西都不是单个的实体，任何单个的实体都不是由若干单个的实体构成的”时说：“妙得很！不怀疑外部世界的实在性。这个人就是弄不清一般和个别、概念和感觉等等、本质和现象等等的辩证法。”（列宁《哲学笔记》）

名家和公孙龙大约与亚里士多德处于同一时代，是异域同时的哲人。他们在“二无一”，互相排斥而关联的“二”非“一”的重复的根本世界观指导下，以《白马论》、《指物论》搞清了“一般和个别”，以《坚白论》搞清了“概念和感觉”，以《名实论》

搞清了“本质和现象”等等的辩证法，明显地比亚里士多德高出一筹。在我看来，必须从唯心论、诡辩论的传统诬枉中解放出来，恢复其古代辩证唯物论、认识论的崇高地位和荣誉，让后人尊重、探索、学习和弘扬。

三 根据莱布尼茨的发明发现，探索八卦六十四卦之为算筹二进位制发明的历史

二进位制数学在东方文化中大约发明于中国殷商或商周之际，它是以算筹形式出现的，那就是八卦六十四卦。然而中国人在两千年前便“参天两地”，赋予了别种涵义，以致后世不知其为数学数字而失却其本来意义的读法。在西方文化中则是由近代德国大哲学家、数学家、微积分的创始人之一莱布尼茨（Gottfried Wilhelm Leibniz，1646—1716）再次独立发明之，并借此得以由他揭示八卦六十四卦之为二进位制数学。

我们的问题是要对六十四卦为二进位制之所以发明，作出具体的历史说明。

八卦六十四卦之为二进位制数学是在算筹十进位制的基础上发明的。算筹十进位制《孙子算经》作了记载和总结。

“凡算之法，先识其位，一纵十横，百立千僵，千十相望，万百相当。……六不积，五不只。”就是说个位摆纵筹，十位摆横筹，百位纵筹，千位横筹，千位和十位相同，百位和万位相同。到六就不用纵横筹积累了，五仍用单筹积累，不取独立形式。“只”，《说文》：“凡只之属，皆从只。”是说的一种独立形式。筹符基数、异位置数就臻于规范了。

这种基筹形式如下：

					1	2	3	4	5	6	7	8	9
个位		百位		万位	𝍠	𝍡	𝍢	𝍣	𝍤	𝍥	𝍦	𝍧	𝍨
	十位		千位		𝍩	𝍪	𝍫	𝍬	𝍭	𝍮	𝍯	𝍰	𝍱

例如数字4716,算筹摆作[𝍬𝍯𝍩𝍮]。又如数字1010,算筹摆作[- -]。零的位置,留下空格,没有代表的符号。0这个数字是从空格的过渡然后发明的。中国十进位制筹算摆列的空格应该说就是0应用。

这种计算,由九个筹符和一个空格组成,“逢十进一”。按位计数,编筹运算,十分烦琐,动辄错乱。用筹繁多,搬移困难,极不方便。古代数学家定然是出于改进,乃研究总结了十进位制形式,选取提出了筹符最少的数制,二进位制,企图得出摆列算筹更简便的形式。于是从十进位制编筹形式中挑选[- -](1010)代表0,[—](10)代表1作为新的筹符基数来建立其新体系。这清楚地表明是脱胎于十进位制的。于是得出了“易有太极,是生两仪,两仪生四象,四象生八卦”的理论认识。第一句话适用于各种数制,因为任何一个数,其变易表现为基数筹符的不同排列,基筹是一个产生数的基地,从此数出无穷,故谓之“太极”。这是对十进位制的总结。后三句话就是对二进位制三位数以下编筹全部数列所作出的数学表述。其实,也就是一种表达式。这就是说数的变易存在于基筹这个基地中,于是产生二进位制的两个仪数0[- -]1[—];0[- -]和1[—]又各派生0[- -]和1[—],作为二进位制二位数就有四个象数,按“数往者顺,知来者逆”,即从上往下进位;从下往上读数,乃构成进位和读数相反的统一,即00(⚏)、01(⚎)、10(⚍)、11(⚌)。

在二位数上再加一位，就产生三位数的八个卦数即000（☷）、001（☶）、010（☵）、011（☴）、100（☳）、101（☲）、110（☱）、111（☰）。可以看出，就是二进位制1—3位数的全部数列。即$2^0=1$，$2^1=2$，$2^2=4$，$2^3=8$。是二进位制一到三位数的级数，六十四卦依理可推衍得之。

如此可见，二进位制是在十进位制基础上产生的。二进位制的基本表达式是从十进位制的理论概括的基础上引导得出的；其基数是脱胎于十进位制的编筹形式之中的。这就是它的诞生的具体的历史条件。算筹二进位制就这样诞生了。其目的本期改进十进位制的编筹烦琐，却未预料到筹符最少，摆列很长，难于辨认，乃比十进位制，就当时来说，更不适用，而未为社会所接受。自然更没有预料到后之学者的附会，“参天两地”，赋予新义，以比拟形容说明客观事物的变化，乃成千载之谜。

二进位制脱胎于十进位制，那么，十进位制亦应有其产生的历史根据。

《系辞》传说：“上古结绳而治，后世圣人易之以书契，百官以治，万民以察，盖取诸《夬》。”“上古”，当是以伏羲为代表的新石器时代。从出土当时的陶器来看，发现许多契数符号，这里称之为“书契”。新石器时代早期结绳记事，后世圣人易之以数字，刻于陶器。百官以之理政，万民以之察事，大概取法于《夬》。《夬》，乾下兑上，乾为金，刀也；兑为语言，言多少也。这就是把所言之多少，用刀刻之于陶器。从仰韶文化、崧泽文化、良渚文化、龙山文化、马家窑文化所出土的陶器，就发现许多契数符号，甲骨文上与之大体相同的符号，也是用刀刻出来的，这都叫契数。归结之如下：

取之与十进位制基数筹符两相对照,可以看出,其 1 到 4 的符号完全相同,5 用单符积累,6 到 9 的符号为 1 到 4 的符号的组合。6 是[丨]与[一],7 是[丨]、[一]与[||]、[二],8 是[丨]、[一]与[|||]、[三],9 是[丨]、[一]与[||||]、[≣]的纵横筹的组合。这就说明算筹十进位制的基数筹符来源于契数符号,是契数符号的继承和组合。这个问题就完满解决。二进位制脱胎于十进位制,十进位制来源于新石器时代的契数,这就是文明肇始的远古历史和结论。这是中国数学的源头,它创造了莱布尼兹谓之“现存科学之最古的纪念物”,二进位制数学,这不仅是中华儿女,甚至是全人类都要为之庆幸和骄傲的光辉伟绩。

四　根据摩尔根的《古代社会》,解读《周易》为“倚数制义的中国哲学和古代社会史”

摩尔根在其《古代社会》序言中说:“人类一切部落,在野蛮社会以前都曾有过蒙昧社会,正如我们知道在文明社会以前有过野蛮社会一样。人类历史的起源相同,经验相同,进步相同。”

摩尔根在追溯家庭的历史时还提出一个结论,“认为曾经存在过一种原始状态,那时部落内部盛行毫无限制的性交关系,因此,每个女子属于每个男子。同样,每个男子也属于每个女子。”这大概是蒙昧社会的最低阶段或其前期。

蒙昧期“以水果和坚果为食物；音节清晰的语言开始于这一时期”，经“采用鱼类食物和使用火”至“弓箭的发明”。

野蛮期“从制陶术｛的发明｝开始”，“在东半球是动物的驯养，而在西半球——则是用灌溉法来种植玉蜀黍和其他植物并使用土坯和石块来建造房屋”至“铁矿石冶炼术｛的发明｝”。

文明期“从音标字母｛的发明｝和文字记录的创作开始；石刻象形文字与此对等”。（马克思《路易斯·亨·摩尔根〈古代社会〉一书摘要》）这是各个时期生产技能上的基本特征。

马克思、恩格斯把摩尔根的分期法作了概括：“蒙昧时代是以采集现成的天然产物为主的时期，人类的制造品主要是用作这种采集的辅助工具。野蛮时代是学会经营畜牧业和农业的时期，是学会靠人类的活动来增加天然产物生产的方法的时期。文明时代是学会对天然产物进一步加工的时期，是真正的工业和艺术产生的时期。”（恩格斯《家庭、私有制和国家的起源》）这是全人类各民族都曾经历过的历史。

《周易》依附八卦六十四卦之数，赋予天地、山泽、风雷、水火之字义及乾坤、艮兑、巽震、坎离之功用，而建立其最高物质“元”在阴阳消长、八种自然物功能作用下生成宇宙世界的唯物论基础。后序《说卦》传是其理论基础；《序卦》传是其基本内容的概括；《杂卦》传是卦名的补充排列；卦爻辞是其内容的具体记述。计二十一卦讲哲学，四十三卦讲古代社会史。宇宙世界是一个整体，也出于一个整体，这就是“元”，这就是“太极”。“元”或“太极”包含着阴阳消长的物质因素，乃有变化、转化和发展，于是剖判为天地，产生万物和人类，这就是物质自然世界。这是继老子“天下万物生于有,有生于无”后的又一古代辩证唯物论。

在这个哲学观点指导下最一般地阐明了物质自然世界的生成发展,那就是《序卦》传说的“有天地然后有万物,有万物然后有男女”,这是符合迄今为止我们所知道的天地史、地球史、生物史,其他各种自然科学所反映的自然界的历史的。古人类社会世界的生成发展,那就是《序卦》传说的“有男女然后有夫妇,有夫妇然后有父子,有父子然后有君臣,有君臣然后上下,有上下然后礼义有所错”。这是符合迄今为止我们所知道的中国和世界的古代社会的历史的。那是老子所不及的。概言之,这是《周易》的哲学、人类家庭、私有制和国家的起源,中国古代社会史。这是它的光辉的内容。

《周易》以中华民族历史的具体内容记载了它的社会发展的三个相承的阶段。

“有男女”,那是摩尔根说的“曾经存在过”的“一种原始状态”阶段,这已不可能找到直接证据了。然而人类既然起源于动物界,就不得不承认这种过渡状态。

“有夫妇”属于蒙昧时代的原始公社阶段。

“有父子”、“有君臣”属于野蛮时代的奴隶制阶段。

“有君臣然后有上下,有上下然后礼义有所错”属于新兴封建时期开始过渡到文明时代了。

《系辞》传对生产技能上的进步作了记载。曰:“古者包牺氏之王天下也……作结绳而为罔罟,以佃以渔,盖取诸《离》。”这属于蒙昧时期。

“包牺氏没,神农氏作,斵木为耜,揉木为耒,耒耨之利,以教天下,盖取诸《益》。日中为市,致天下之民,聚天下之货,交易而退,各得其所,盖取诸《噬嗑》。神农氏没,黄帝、尧、舜氏作……垂衣裳而天下治,盖取诸《乾》、《坤》。刳木为舟,剡木为楫,舟楫之利,以济不通,致远以利天下,盖取诸《涣》。服牛乘马,引重致远,以利天下,盖取诸《随》。重门击柝,以待暴客,盖取诸《豫》。断木为杵,掘地为臼,臼杵之利,万民以济,盖取诸《小过》。弦木为弧,剡木为矢,弧矢之利,以威天下,盖取诸《睽》。上古穴居而野处,后世圣人易之以宫室,上栋下宇,以待风雨,盖取诸《大壮》。古之葬者,厚衣之以薪,葬之中野,不封不树,丧期无数,后世圣人易之以棺椁,盖取诸《大过》。上古结绳而治,后世圣人易之以书契,百官以治,万民以察,盖取诸《夬》(此为数字契刻,非文字记录之石刻)。"这属于野蛮时期。这一时期可能延续到春秋末年出现了新的封建制生产关系,就开始进入文明时代了。

由此可见,《周易》所记载的历史是完全符合摩尔根《古代社会》,因而也是完全符合恩格斯《家庭、私有制和国家的起源》的内容的基本之点的。所以我断言《周易》倚数制义,是一部中国哲学和古代社会史,应该说毫无疑义,这是可以肯定和讨论的。

2004 年 11 月 26 日

2006 年 6 月 20 日

关于征集评选“世界重大学术创新成果”暨编辑出版《世界重大学术创新成果获奖经典》(中文版 III)的通知节录及回复

鉴于您在自己专业科研领域勇于实践、不断探索、敢于创新所取得的学术贡献及重大突破……您的学术理论、创新成果《援用西方文化的先进思想解读中国古经的疑难——先秦学术研究回顾》

独立成文,具有很高的学术理论价值、最新的学术观点和最先进的学术思想,解决了世界性相关学难题,填补了本学术领域的相关空白,并有独到见地。由世界管理科学院学术委员会总干事黄河先生特别推荐,经世界华人交流协会、世界管理科学院学术委员会组成评委会严格审核、评议,在此次评审活动中您的学术理论创新成果荣获“世界重大学术创新成果特等奖”,获奖号 SHA0912 号,并将全文刊登在《世界重大学术创新成果获奖经典》(中文版 III)中。……本卷定于 2010 年 5 月出版,海内外公开发行。

……鉴于您立足于国家民族、放眼于人类世界,勇担社会责任,为世界和平与繁荣,为推动世界人类社会发展所作出的特殊贡献,学术委员会将为“特等奖”获得者制作颁发“世界学术创新特殊贡献奖荣誉勋章及证书”。

2009 年

黄河总干事先生、世界华人交流协会、世界管理科学研究院学术委员会:

通知,悉。这篇《回顾》,“总干事黄河先生特别提名推荐”,并获创新成果奖,受宠若惊,自以为得了知己。

《老子》的本体论和世界生成论每个字、每句话都以深邃的逻辑为基础。然而省却推导以所得范畴立论,故“其辞难知”。万物是生物、无生物;生物、无生物是物。“物”,“无”更广泛的“名”可以称道,是最高的类名,这就是“道”。故曰:“无名天地之始,有名万物之母。”故曰:“绳绳不可名。”那么,老子是建立于名学基础上的古代辩证唯物论就是自明而无可争辩了。

《公孙龙子》认为发展是对立统一。“二无一”,互相排斥而关联的“二”非“一”的重复。“二无右”,“二无左”,“左与右可谓二乎?曰:可。”这首次揭示为古代辩证唯物论认识论,主要讲辩证法。

八卦六十四卦自莱布尼茨揭示为二进位制数学以来,大多乐从。其所以是,则大有疑之甚至否定者,认为是莱布尼茨误读《先天图》。这是“世界性相关学术难题”,“学术领域的相关空白”。研究正是论证从原始契数演变为算筹十进位制,其改进发明算筹二进位制,筹符相袭组合,表明演化过程,证明解决了这个世界性相关学术难题和世界性相关历史问题,填补了本学术领域的相关空白,这是符合实际的。

周易是什么书?其为卜筮迷信典籍,海内外无不如此,并应用之以谋利,流毒国际社会,泛滥之广,于今尤烈。《周易》倚数制义,建立其中华哲学和人类古代社会史的实录,与摩尔根《古代社会》、恩格斯《家庭、私有制和国家的起源》在基本点上完全一致而早两千余年,则是首次得到论证和揭示。这也许就是它的“具有很高的学术理论价值、最新的学术理论观点和最先进的学术思想”吧！因此，认为评价符合《回顾》内容，很感高兴！

然而，要花巨资买奖，未免降低价值！尊高的学术殿堂亦难免谋利之嫌，窃甚为贵会院不取！从根本来看，对确实达到一定科学水平的东西，作出特殊对待，使之获实质性奖励并向所在国政府推荐，将推贵学术殿堂于更高的国际水平，亦必张大影响使一般成就趋之若鹜而更有利可图也！愿为贵会院图之。

今寄上《回顾》原文，专此致以

敬礼

八十五叟张吉良　敬上

2009 年 12 月 16 日

《哲学研究》编辑部致作者的信

您于一月八日寄给国务院文化组并转邓付主席的信连同大作《论老子哲学思想和其发展》已由中共中央办公厅经由中国社会科学院转给《哲学研究》编辑部处理。

您利用业余时间刻苦读书,认真钻研,写出了具有相当规模的哲学著作,您的这种治学的精神和可贵的毅力,实在令人感佩！由于这部稿子篇幅很长,内容很多,不仅全面论述了老子的哲学思想体系,而且旁及于许多的先秦学派。此外还涉及你同有关方面的一系列争论。处理这样一部比较复杂的稿子是需要一些时间的。目前我们正在对这部稿子进行认真的研读,一旦有了结果自当及时奉告。

中国社会科学院《哲学研究》编辑部

1978 年 9 月 12 日

江　铃

——扶持他走上学术道路的圣地

绪　论

耶路撒冷是基督教徒的圣地。江铃，就个人来说，就是他的耶路撒冷呢。

1957 年反右伊始，他最早被揪出；1958 年所有右派都处理了，2 月份党支部才开会为他作出“划为一般右派分子，开除党籍”的决定。为什么拖到这么晚呢？显然是存在不同意见。结论还写上“工作上能完成任务”。他主管部里的线值计量工作，深入工厂，调查研究，在部刊《工作通讯》上发表《111 厂线值计量工作的调查报告》，为全部树立了线值计量工作的基层范例，是有影响的。支部大会表决时“他也举手表示同意”，但他说：“我会回来的。”大家报以苦笑。自然不知道他心里想的是“怎么回来”，也是绝对不能说出口的。因为他相信党“坚持真理，修正错误”的能力，历史上多次“左”倾错误终被纠正而走上了正确的道路呢。

支部大会后，他旋即流放到江西拖拉机厂改造。1959 年第一批摘掉右派帽子，成了“摘帽右派”。

在江铃，政治上扫除“摘帽右派”的歧视，彻底改正，重回党的怀抱，享受一个人应有的尊严；技术上在蒋颂光高级工程师的帮助下找到682型发动机凸轮数据来源，重新计算，增加大量数据，使凸轮轴过了质量关，论证提出非圆齿轮数学模型，使汽车锥孔零件过了质量关，晋升优秀高级工程师。从政治学习中引发对先秦学术的兴趣，援用西方先进文化思想解读《老子》、《公孙龙子》和《周易》，恢复其本来面貌，出书九部[①]。“中国国学研究会”与“世界汉诗协会”授予他“国学家”，“中国国学学会”授予他“著名国学学者”荣誉称号，这都是在离休前后所作出的努力。江铃是扶持他走上学术道路的圣地，他要为她的兴旺发达发展而欢呼歌唱，不禁手之舞之，足之蹈之也。

从错划右派、摘帽右派到重新归队

“文化大革命”中他又被揪出，1970年仍在江拖监督劳动，做大型摇臂钻，钻拖拉机油底壳。当月要完成1000台任务。由于掌握了磨钻头的技巧，老师傅一个班钻18个，很难完成任务，他能钻20到30个，还保证质量。班组乃决定由他承包机修车间的摇臂钻，早到晚退，一天竟完成多达100个。某日，江铃的前身——江西汽车制造厂的党委书记、原江拖的书记王峰同志到车间视察，并同他谈了话。车间传闻江汽要江拖支援技术干部，他会调去江汽云云。他不相信，但心底里还是很期待的。

1971年集中一批“牛鬼蛇神”办班学习，结束后，他和王庭松等四人就调入了江汽。记得报到那天，王峰书记接见，态度十分严肃，他说：“张吉良你犯过严重错误，要小心做人，接受改造，努力工作，做出成绩。”弄得非常尴尬！幸亏陪同他们一起去接见的桂荣华主任带他们出来，在他的办公室安慰了一番。

他说："书记是关心你呀，不用难过，不要计较。""摘帽右派"的日子实在很难过啊。

反右运动是党的"左"倾灾难，没有道理可讲，大势所趋，碰上了就倒霉。当年部里整风，他写了《部机关主要矛盾的分析》一文交给党支部。形势发展由整风转变为反右，支部用大字报公布出来号召批判。在斗争时，他据理反驳，全司斗争大会几次辩论，都未能说过他。接着就联合教育司组成专业批斗小组轮番批斗。有关心他的同志晚上来劝他说："这样下去可不行，难道你不考虑你的妻子和女儿吗？必须立即转变态度，低头认错。不然后果难料呢！"于是他作了承认错误的检讨。一个受司长看重的二级工程师在他结束检讨后立即站起来表扬说："你们都说张吉良不可救药，我不同意你们的看法，今天不是转变了态度吗，这很好呢！"批斗小组很吃惊，沉默一会立即休会。第二天继续批斗，说是假检讨，火力更旺！直到他们认为满意才暂时停下来。祸不单行，恰恰他不到一岁的女儿染上了小儿麻痹症，每天还得送她去西单针灸！搞得筋疲力尽，上班不免伏案就睡觉了，经同室的一个姓陆的工程师揭发，又狠狠地批斗一回。

反右在群众中跟着起哄的不少，以"左"的面目出现以自保，落井下石的，所在皆是，抱着清醒的头脑，同情右派，也颇有人在。记得教育司一个与他同住一层房子的同志参加斗争特别凶，但他走的当天，就是这个人私下来送他，向他道歉，表示迫于形势，请求原谅他。他书多，行李超重，不放行。他去行政司请求解决，那个同志看了他一眼就说："你就是张吉良呀！此地不可久留，还是快走吧！"他二话没说，全部批准放行。他安置在江拖，行李费仍有不少剩余，就如数退回去了。一场灾难显现人的真情，前者不免投机，但良心仍在；后者可是一片童心啊！半个世纪了，他还铭记着这两个人呢。

与他同在二机部技术司工作，也被打成右派流放到江西八一配件厂的丁季生同志听说他发配在江拖改造，偷着来看望，他们在厂外见了面。他说："我们有什么错呢，是王明'左'倾错误的再现。总有一天，会要搞清楚的。"丁听了吓得要死，说："这话只能跟我说。"转身就走了。这是他们心里的秘密。

"雄鸡一声天下白"，1978 年听到为右派平反的议论，后来还传达了中央的有关文件。然而人心没有解放，李彪书记在传达文件后与他同路回家，劝他不要提出什么。他说历史终归是历史，就听其自然吧！这是书记的保身之道，他心领神会，是出于一片好心。

1979 年五机部来电，要求厂里派人去为他落实政策。组织部要他写一个自己的认识，他如实地写了，认为党所以搞成这个样子，是他当时提出的那些问题没有得到解决，积重难返，乃酿成"文化大革命"的混乱。据派去的同志说，五机部专案办公室的同志看他的自述，频频点头，有赞赏之意，改正结论比较平实。厂里组织部长周敢峰和保卫科长张署斌回来，就在冲压车间，由当时的尤俊山书记公开向他赔礼道歉，落实了政策。他才享受到一个普通人应有的尊严。从反右揪出起算，"二十二年风雪里，鸟啼春晓读华章"，谁预料到这个冬天会有这么长呢！"夜来风雨声，花落知多少？"

在江铃的技术工作

他分配在检验科工作，就与原来的老同志一起整顿制度，特别是加强保证产品质量基础的计量工作。从贵州 101 基地采购进来光学分度头，检验科的技术装备有所提高。

特别是发动机凸轮轴不合格，影响发动机质量达不到指标。蒋颂光工程师提供了南京汽车厂的682型凸轮的原始计算公式，是一个高次方多项式方程。经过研究，他以零后八个零的趋“零”法解了这个方程。乃由质量统计员郑碧华同志进行计算，原数据很粗糙，一度一个数据，满足不了质量要求，应该增加到一度四个数据。而手摇计算机只有财务科一台，借来用一下，又取回去了，严重影响进度。幸从机械厅调来的王会川工程师知道这件事，从厅里借来一台，才解决问题。凸轮轴过了关，发动机指标也达到要求，井冈山汽车质量上一个台阶。

汽车上有几个锥孔零件，内表面光洁度非常高，很难达到，是汽车行业的一个难题。全国行业每年开会研讨，机修车间技师王福吉同志从行会带回一个用非圆齿轮加工锥孔零件的刀具的方案和一本非圆齿轮设计书，与他共同研究具体实现的措施。他论证提出非圆齿轮数学模型，经在坐标纸上反复描绘实验成功，由电脑程序设计员罗蒙同志演算出数据（后来钟旭工程师作了进一步精化），委托洪都机械厂生产非圆齿轮，乃制造出加工锥孔零件的刀具，一直用于生产。

从政治学习引发对先秦学术的兴趣

——“全面论述了老子的哲学思想体系”和其他

当时生产仍未完全正常，每周有两个半天政治学习。学杨荣国《简明中国哲学史》和韦明《中国哲学史简编》。在学老子哲学部分时，杨荣国在书上说：“道”是“无”，“不是物质实体，而是虚无，是超时空的绝对精神，”“无名……也同是这个意思。”“无”是“虚无”，其本义如何，当作别论，从字面看，还过得去;“无名”也同是“虚无”的意思,就讲不通。“无名”怎么会是“虚无”呢?不如倒过来“虚无”是“无名”的意思,“无名”有它的本来意义,而“无”则是“无名”的省略。而对照《老子》,正是从“无名”导出“无”的,是“无名”的略称。那么“无名”是什么意思呢?天下万物是生物、无生物;生物、无生物是物。无不有其更广泛的名,故曰“有名”、“有”,唯物是广泛已极的名,没有比它更广泛的名了,是最高的类名,故曰“无名”、“无”,这就是老子的本义。

杨荣国对老子“德”的解释也是很有意思的。他从《释名·释言语》找到了“德”的最初界定。曰:“德,得也,得事宜也。”他解释说:“‘德’是‘得’,就是做事做得适宜,于人于己都过得去,无愧于心,这就是‘德’,也就是‘得’。”(《中国古代思想史》,人民出版社 1976 年版)看得出“‘德’是‘得’,就是做事做得适宜”。到此为止,本来是完全正确的。那么德是什么意思呢?得到一种“做事做得适宜”的东西,不就是我们所说的“经验”吗!奈何受“德”的传统涵义的局限,画蛇添足,加一个“于人于已都过得去,无愧于心,这就是德,也就是得”的尾巴,成了天地良心,就背离了原文本义,而按照德是经验的原义,老子关于德的专论(《道德经》三十八章)就完全可以讲通了。

学韦明对《老子》如四十五章“躁胜寒,静胜热,清静为天下正”的解释,“急走能战胜寒冷,安静能克服暑热。无为清静,可以做天下的首领”(《老译》第 34 页,《老译二》第 84 页,《老译三》第 52 页)。“无为清静”,有点像“能克服暑热”的“安静”,其何以对应“能战胜寒冷”的“急走”呢?又同“可以做天下的首领”有何相干呢?是根本读不通的。如按三字一句断读,急走能战胜寒冷,安静能克服暑热,完全冷静地按事物的本性办事,天下事都可以办好。文义通顺,还是一个唯物论的处事原理呢!就这样引起他对先秦学术的极大兴趣,乃下定决心,选取争议最大的书进行攻读,乃走上了学术的道路。

江铃党政领导对他是支持的。首先他寄希望于北大中哲史教研室,写信寄去研究老子的初稿,请他们批评指正。1986年1月1日至1月17日北大举办"中外文化比较研究班",就邀请他和厂里的有关人员去参加。厂里由当时的书记杨洪基带队,宣传部长杜斌还有他及时参加了学习。当时他已转到《周易》研究,写了《古代算筹二进制数表和〈周易〉》一文,也寄请北大指教。在去前一周教研室给他退了稿。会上汤一介教授谈了退稿的事。他说怕外国人笑话,是为了慎重之故。他在拜访中国社科院哲学研究所《哲学研究》编辑部主任辛冠洁时谈了此事。辛主任说汤一介是做得对的。不过,他又说,我们并不明白什么是二进制。辛给他介绍了济南山东大学刘大钧教授,嘱他把文章寄给刘,一定会有结果的。回来,他就寄了。果然,刘教授立即来信,邀请他参加济南第一届国际《周易》学术讨论会。于是他以这篇文章和《周易通读》初稿参加了会议,厂里还派宣传部副部长刘健明同志陪同。前文获得会议重视,并发表于《周易研究》1988年第二期。中央电视台1993年6月28日在《易学家刘大钧》人物专题片中向全国播出时作为"第一次国际《周易》学术讨论会"成果披露。于是出乎预料,《周易通读》1993年1月就由齐鲁书社先行出版了。

老子稿件北大教研室不接受对老子是唯物论这一根本观点,并将原稿和信都退还了他,有不愿再交流的暗示。他就写信给国务院文化组并转邓小平副主席。

据《哲学研究》编辑部来信,已由中共中央办公厅经由中国社科院转由他们处理。信中肯定和赞扬“写出了具有相当规模的哲学著作”,“全面论述了老子的哲学思想体系”,“旁及于许多的先秦学派”,“涉及你同有关方面的一系列争论”。认为“处理这样一部比较复杂的稿子是需要一些时间的……一旦有了结果自当及时奉告”。是打一个招呼。但1978年10月16日来信认为“您……提出对老子哲学思想的看法……经过反复考虑和研究暂不采用,现随信寄还请查收”。1978年11月28日又来信“认为应该再次研读您那篇关于老子的著作,请您见信后,再把它寄给我们”。肯定、赞扬、不说明原因的退稿,又将稿子索回,最后以《论老子的哲学思想》为题发表“老子的朴素唯物论”、“老子的自发的辩证法”、“老子的认识论”三个部分于《中国哲学史论文集》(《哲学研究》丛刊第一辑,山东人民出版社1979年版),方告结束,而回避同有关方面的争论。其间退稿索稿,颇令人深思。自然他非常高兴,特别是由此认识了辛冠洁老先生,传道、受业、解惑,有了门道,实为大幸。

《老子研究》即是由辛冠洁老先生赐序,江西人民出版社出版。《名家研究》也是由先生过手以《论战国名家的哲学思想》为题发表于《中国哲学史研究》1984年第二期,在这个基础上加以补充,然后才成书付梓的。这些书的出版还受到中共中央宣传部秘书长沈一之,江西省委书记毛致用、秘书王林森、省宣传部长王太华、省委秘书长王达智等同志的支持。多由江铃资助,关心弘扬传统先进文化是江铃的优良传统,他都感激不忘。

《老子》、《公孙龙子》和《周易》思想概述

老子生活在春秋私田奴隶制时代[②],把奴隶和自由民的解放寄希望于新兴侯王,建立其以名学为基础的古代辩证唯物论作为其理论和策略，为封建变革准备了思想条件，老子思想就是私田奴隶制时代的产物。人们认识了客观事物的本质把它称道出来，表达“什么是什么”，例如张三是人、白马是马等等，就是把一个名称道为更广泛的名，这是人们在生活中重复亿万次的一个习以为常的事实，这里就存在辩证法[③]。“百姓日用而不知”，这是老子从以出发的基础，这就是后来发展为名学的基本核心。天下万物是生物和无生物，生物和无生物是物。无不有其更广泛的名，故曰“有名”、“有”；唯“物”是广泛已极的名，没有比它更广泛的名了，是最高的类名，故曰“无名”、“无”。所以老子得出结论说：“天下万物生于有，有生于无。”这是老子的宇宙世界生成论，是“自无生有”的自然过程，而“自无生有”是“从有返无”得出的，这是老子的本体论。“从有返无”是“绳绳不可名”的一个连续抽象的过程，老子又叫“玄之又玄”。然则老子的“道”是“物质的抽象”，“物质一般”，那是很自然而无可争辩的了。老子从天下万物寻其所自而得出其本体论和生成论，其为唯物论那是很自然的；其唯物论建立在“有无相生”的基础上，是辩证的。然则老子是建立于名学为基础的古代辩证唯物论，那也是很自然而无可争辩的了。这就是老子的哲学。

名家是继老子的名学的深入阐论，主要从逻辑概念、从逻辑定义的公式研究哲学，根据《通变论》所论证和接触的哲学根本规律搞清了“一般和个别，概念和感觉，本质和现象等等的辩证法”（列宁《亚里士多德“形而上学”》，《哲学笔记》）。乃形成独立的名家学派，补充、丰富和发展了老子学说。

《白马论》从“白马是马”这个最简单的、最普遍的、最常见的命题开始，提出和论证了“白马”和“马”的关系。公孙龙从认识论的高度讲清了白马之所以是马和白马之所以非马的问题。白马是马,是就抽掉白色这一现象来说的。故曰:“有白马不可谓无马者,离白之谓也。”“离”就是抽象。“白马非马”,是就具体来说的,不抽掉白色这一特象来说的。故曰:“不离者,有白马不可谓有马也。”乃马是白马的哲学表述。有悖常识而揭示其所蕴含的辩证法,故惊世骇俗。接着,公孙龙在《指物论》中就作出最一般的概括。他说:“物莫非指,而指非指。”就是说任何个别(物)无不是一般(指),而被列入一般的(个别)(物)又不是一般(马)(指),因为不能完全进入一般之中。彻底地搞清了个别(白马)(物)和一般(马)(指)的关系这个问题。

《通变论》认为统一物是互相排斥而关联的“二”,非“一”的重复,叫做“二无一”,这就接触到了辩证法的根本规律。这是名家的根本宇宙观,所有的命题都是由此深入展开的。“鸡三足”是公孙龙讥讽“二有一”论把对立统一的“左与右”,也说成是形而上学的“二有一”,不同类事物可以合计的不伦不类的“假物取譬”,这是公孙龙辛辣地批评“二有一”论的观点。自子高与公孙龙辩理于平原君所,子高就认为公孙龙持“臧三耳”之说,是一个二千余来的误读,所谓“最难了得臧三耳”也[4],其赜隐如此,今始揭出之。

《坚白论》讲的是概念和感觉的问题。“视不得其所坚而得其所白”,“拊不得其所白而得其所坚”。坚白的概念,分别得于“拊”、“视”的感觉,肯来概念来源于感觉,这是认识论的唯物论。称道就是下定义,“无坚得白”,“无白得坚”,“其举也二”。看不见坚硬而得到白色,石是白色之物。摸不着白色而得到坚硬,石是坚硬之物。把“石”这个一般的概念表现为“坚白之物”的特殊的概念，提出了“石是坚白之物”如此两类概念。如白马非一般的马，乃从一般到特殊推理的哲学表述一样，表明是老子“一个名可放在另一个更广泛的名里”（名可名）的从特殊到一般的逻辑定义的普遍公式转换为从一般到特殊的运用和实证，真要认识一点东西是必须解决从一般到特殊的问题，以把握事物的特点和特征的。这是名家和公孙龙的深刻处。

《名实论》是讲的本质和现象的问题。“夫名，实谓也。”概念要反映事物的实质、本质。“物以物其所物而不过焉，实也。实以实其所实而不旷焉，位也。”就是说物用以体现它所属类形的度而不多不少，这是“实”，实用以占据它所属类形的时空而不空缺，这是“位”。第一个“物”字，即具体指某一物也。第二个“物”字为动词，意即体现。第三个“物”字，“所物”，所由之物也，与第二个作动词的物字相呼应，当指第一个物字，具体指某一物其所由出之物类的形式。例如“马”。夫物莫不出于其类而恰如其类者也。“不过”，包括“不及”。过与不及，皆非此质而为别的一质了，自然也就不是此物而为别的一物了。“位”，是说的一定物的产生，达到了规定的度，取得了其所属物类的形式，占据了一定的时空，于是，此物乃具体而确定矣。所以必须“审其名实，慎其所谓”也。

正因为如此，一般寓于个别，概念来源于感觉，感觉还不是事物的本质的东西。所以名家认为白色是靠眼睛看见的，而眼睛靠光线，光线本身不能见物；就是光线和眼睛也看不见，而要靠精神才看得见。只靠精神也看不见，而要看得见，在于从事物进行抽象，“离”。

坚硬靠手，手靠捶击，是捶击和手可以知道而不知道。就是精神对付，不从事物进行抽象，也无法知道。这不是否定人的眼睛和手这些功能利精神的认识作用,这清楚地表明不要简单地凭功能所感、头脑所想就作出结论,简单地感性认识是不可靠的。而强调更高的抽象"离"的作用,强调理性认识的作用。这就是认识论的辩证法。

概言之,概念来源于感觉,这是认识论的唯物论;而"目不见"、"神不见"、"捶与手知而不知"、"神与不知";而要见知,在于从感觉的基础上进行更高的抽象,从感性认识升高到理性认识。"名"要审慎地反映事物的实质、本质,这是认识论的辩证法。这就是古代辩证唯物论的认识论。这就是名家哲学思想所研究的主要问题。

《周易》是战国初年馯臂子弓的"奇而法"的著名的经典之作。其原稿保存在晋太康二年所发掘的汲县的魏襄王墓的出土品中。

《晋书》卷五十二的《束皙传》上说:"其《易经》二篇,与《周易》上下经同。""《卦下易经》一篇,似《说卦》而异。"

杜预《左传集解·后序》也记载:"《周易》上下篇,与今正同……而无《彖》、《象》、《文言》、《系辞》。"

郭沫若说:"似《说卦》而异的《卦下易经》一篇……便是馯臂子弓把《易》作成而加以传授的时候,一定是有过一些说明自己的假定与理念的一种《传》样的东西。《卦下易经》怕也就是他著的。那么《说卦传》以下的三篇或者就是《卦下易经》的别一种纪录。"(《周易之制作时代》,《郭沫若全集》历史篇第一卷)那么"与《周易》上下经同"的《易经》二篇和"《卦下易经》的别一种纪录","《说卦》以下的三篇"就是《周易》的本文了。

《周易》是一部哲学和古代社会史的专著,是家庭、私有制和国家的起源的古代社会的历史实录。是依附于算筹二进制数表“参天两地”(《说卦传》)作为取象和体系以阐明物质自然世界和人类社会世界之所以变化演进。曰:“有天地然后有万物,有万物然有男女。”(《序卦传》)这就是物质自然世界的产生和演进。曰:“有男女然后有夫妇,有夫妇然后有父子,有父子然后有君臣,有君臣然后有上下,有上下然后礼义有所错。”(同上)这就是人类社会世界的产生和演进。卦爻辞是其具体记录。两相对照,无不符合。这里是一个概括性的交代。

且同美国摩尔根的《古代社会》、恩格斯的《家庭、私有制和国家的起源》,在基本点上是完全一致的,而早两千余年。

这是三本书思想的基本概括,表明中华传统文化与马克思主义相通,当代的“中国特色社会主义道路”符合马克思主义揭示的人类社会历史发展的规律,是无比正确的,必须努力奋斗使之实现,鞠躬尽瘁,死而后已。

错误难免,批评教正,是所厚望。愿为繁荣传统先进文化竭尽绵薄,不胜幸甚。

注释

①出书九部:《老子研究》,江西人民出版社 1994 年 10 月出版;《名家研究》(同上);《老聃〈老子〉太史儋〈道德经〉》,齐鲁书社 2001 年 9 月出版发行;《中国古典道学与名学》,齐鲁书社 2004 年 1 月出版发行:《周易通读》,齐鲁书社 1993 年 1 月出版发行;《周易哲学和古代社会思想》,齐鲁书社 1998 年 9 月出版发行;《周易通演》,齐鲁书社 1999 年 12 月出版发行;《〈道德经〉现代综合解读》、《新东周列国志——话说中国古代社会断代史》,天马出版有限公司 2007 年 11 月出版。

②“春秋私田奴隶制时代”是我提出的一个新概念。这个

时代由管仲“相地衰征”，以私田奴隶取代公田奴隶而开创，经晋国的“作爰田”“当日田制改易之始”，即是从公田奴隶制改易为私田奴隶制在晋国的开始。鲁宣公十五年“初税亩”，按田亩多少征税，宣布废除井田制，承认土地私有权而一律取税，未及奴隶解放，则同齐晋一样，也是实行了私田奴隶制。子产“相郑国，作封洫”和楚国的“书土田”，都是如此。则从齐国开始，春秋一代的历史内容就是变公田奴隶制为私田奴隶制了。如此，中国古代历史分期就臻于完备，愿历史学家深思。

③这里就存在辩证法：“张三是人、白马是马”，“张三”、“白马”是个别，“马”和“人”是一般：任何个别无不是一般，而被列入一般的个别又不是一般，因为不能完全地进入一般之中。这表明对立面的同一性，百姓日用而不知也。

④“最难了得臧三耳”是八大山人朱耷诗句。“鸡三足”在《孔丛子》中又作“臧三耳”。

后 记

尖端电脑海儿[①]精，选购装修百度赓。
二姐佳人[②]操作熟，千番造字昼宵耕。
倘非子女勤相助，难得聃肱[③]可杀青。
文化创新强祖国，披荆斩棘合家倾。

九十将莅八十余，创新文化辟坤舆。
自无生有生万物，从有反无反道衢。
灵长智强有男女，屯蒙攸往脱痴愚。
往来熙攘登佳境，狮舞龙盘意态愉。

老去腰驼不自知，菊残留得傲霜枝。
乍看近照惊魂魄，迅聚陈笺序妙思。
旧调重弹维本义，性灵陶冶苦工诗。
逍遥不负鲲鹏志，羊角扶摇海运时。

杨言墨议盈天下，文化多元岂一家。
有序君臣花早谢，无为兰菊萼长华。
二元爻卦莱茨[④]数，哲史阴阳蚜臂霞。